日本に導かれた運命

隣に住む、隣で働く外国人との真の多文化共生をめざして

よぎ
プラニク・ヨゲンドラ
Yogendra Puranik

白水社

日本に導かれた運命

隣に住む、隣で働く外国人との
真の多文化共生をめざして

はじめに

みなさん、ナマステ。よぎです。この本を手に取っていただきありがとうございます。インドで生まれ育ち、もう20年以上日本に住んでいます。90年代からグローバル化の名の元で変わっていくインドと、一世代目の移民として感じた日本について、この一冊を通じてみなさんにお届けします。

私はインド出身で、見た目は完全にインド人ですが、国籍は日本です。２０１１年3月の東日本大震災をきっかけに日本国籍を取得しました。そして、２０２３年4月から茨城県立土浦第一高等学校の校長になりました。外国出身者が公立学校の長になるのは日本では初めてのことだそうです。ここまでの道のりは決して平坦ではありませんでした。そこに運命により導かれた部分と、チャレンジ精神と努力によって自らつかみ取った部分もありました。

１９７７年6月、インドの片田舎の小さくて長閑な村で生まれ、のびのびと育った少年――。私は幼稚園から多言語教育を受け、国立小中高一貫校でしっかりした教育基盤を築きました。また、スポーツや生徒会活動、ボーイスカウトなど、あらゆることに励んできました。でも、まさか自分が将来日本で暮らして、たくさんの挑戦をするとは思いもしませんでした。

運命が大きく動くきっかけになったのは、インドの大学で日本語と出会ったことです。インド西部プネ大学で数学や物理学を専攻し、ITを学ぶかたわら日本語を学び始めました。そして、日本語に恋し、大学の日本語学課では常にトップの成績。1990年代、学生のときに国費留学で初めて日本を訪れ、その後、日本企業で働くことになりました。グローバルIT企業の日本支社を経営し、調査役としてみずほ銀行に入り、楽天銀行では企画本部副本部長になりました。そのかたわら自分の会社をつくり、本場のインド家庭料理を提供する飲食店と印度文化センターの経営もスタートしました。

プライベートでは、日本で一目惚れした中国人女性と2001年に結婚して息子ができました。しかし、いろいろなアクシデントがあって、シングルパパになりました。働きながら子育てをする日々はとても楽しかったです。でも、その息子が日本の公立学校で教師からいじめを受けました。結果、中学校2年目から海外に留学し、現在イギリスの大学で学んでいます。

2006年、よい子育て環境を求め、江戸川区西葛西に引っ越してきました。西葛西駅近くの小島町二丁目団地に住んでいたのですが、そこには私たち親子以外にも多くのインド人が住んでいました。日本語が話せて人と会話するのが好きな私は、いつの間にかインド人だけではなく日本人コミュニティや中国人、韓国人住民にも溶け込み、団地の町内会副会長も務めました。

その経験を通して知ったのが、インド（外国）人コミュニティと日本人コミュニティの間には大きな溝があるということです。互いの文化や考え方が違うために、誤解やストレスが生じて、トラブルがよく起きてしまうのです。でも多くの場合は言葉が通じないので、直接コミュニケーションがとれません。彼らの仲裁に入るのが私の日常的な仕事となっています。団地をすでに出た今も、よく団地住民から連絡を受け、仕事の合間には毎日のようにトラブル対応をしています。

日本での多文化共生を大きく進めたい、日本の発展に貢献したいと思い、２０１９年からはまた新たな挑戦をしました。江戸川区議会選挙に出馬したのです。どうなるかとドキドキして投票日を迎えましたが、結果は６４７７票を獲得して5位で当選。日本初のアジア出身議員となりました。その2年後、東京都議会選挙に出馬したものの、準備不足もあり落選しました。無職になった私は自分の哲学を探すため、久しぶりにふるさとインドを50日間ゆっくり旅しました。それから日本へ戻り、民間校長の求人に応募し、採用されたのです。倍率はなんと４１０倍を超えていました。土浦第一高等学校で1年間の副校長職を経て、現在に至ります。

数年前から日本では、在留移民や入管の問題がよくニュースでも取り上げられるようになりました。しかしこの問題は急に始まったことではありません。問題の種はずっと前から日本に潜在していて、それが今になって顕在化してきたのです。

少子高齢化で労働力不足が問題になっている日本は、今ようやく外国人労働者を幅広く受け入れようとしています。外国人と日本人の共生は、おそらく今後、より大きな課題になっていくでしょう。本当はもっと早くからこの課題を解決するための道を探すべきだったのです。でも、そこにふたをしたまま移民の数を増やしてしまっています。私は日本が大好きだからこそ、日本の未来を非常に心配しています。共生の問題だけではありません。競争の激しい世界で、日本の存在感や能力が明らかに衰退していることについても懸念しています。国内人材のリスキリング（再教育）に十分に投資していないのも、失業者の増大につながります。そうなると、注視されている観光業も今後伸び悩むでしょう。

私もかつて移民として日本へ来た一人です。今ここで日本が自国のニーズや考えを整理し、入国管理制度を立て直さなければ、そして日本で暮らす外国人の課題を理解しておかなければ、また多様性を認める教育と社会をつくらなければ、取り返しのつかない巨大な社会問題になってしまうと思います。欧米ではすでに各地で問題になっているように、日本でも日本人と外国人との間に深い溝が生まれ、日本の平和や秩序が乱れてしまいます。私は自分を育ててくれた日本に、そんなふうになってほしくないのです。

ここに述べたような思いからこの本を書きました。日本へ渡ってきた私がこの国で経験したことや、私の周囲のインド人や外国人の身に起きた事例も含め、本書では包み隠さずみなさんにお伝えしたいと思います。日本で暮らす外国人移民はどんな問題に直面しているのか、どんな本音を持っているのか。日本に住んでいるみなさんにも、大学生、社会学研究者、官僚、政治家や教育者の方にもぜひ読んでいただき、これからの日本や国際社会について一緒に考えていくことができれば幸いです。

日本に導かれた運命

目次

イラスト＝武田尋善

1

第1章

インドの田舎で生まれ育つ

1970年代後半にインド西部のアンバーナスという小さな村で生まれたよぎは、多言語・多文化な環境で育った。お金がなくても物があふれていなくても、自然豊かな田舎で家族と幸せな日々だった。

出身地アンバーナスの風景

私「よぎ」ことプラニク・ヨゲンドラは、1977年6月3日金曜日にムンバイ市東部郊外のアンバーナスで生まれた。

プラニクは父方の先祖から継いできた名字で、ヨゲンドラが私の名前。「ヨギ（ヨーガを行ずる者）」と「インドラ（五感をコントロールする力を持つ帝釈天）」という二つの名詞の連音になっている。みんなからは「ヨギ」と呼ばれた。

アンバーナスは、インド最大の金融都市ムンバイから約60キロの距離にある小さな村だ。自宅の周辺には米の田んぼが広がっていた。コラムという米で、炊くとパサッとした小さな粒々が美しい。田んぼの向こうには山々が、V字をした山の間には小さなダムがあった。山の上のアヤッパ寺院にときどき参拝に行って、上から田んぼを眺めた。

ここは牛が多く、人にお構いなしで自由に歩いていた。あちこちで葉っぱや草を食べたり、フンを落としたり、道の真ん中にゆったり座り込んでいた。聞いた話では、道路にはうるさいハエが少なく、ドロドロしていなくて座り心地がいいし、雨期または冬の時期は路面が温かく感じる。犬や猫も街を自由に歩き、たまに草を食べているのを見かけた。

「なんで犬や猫が草を食べるの？」と小さいころ母に聞いたら、母はこう言った。

「お腹の調子や体調によって、どの草を食べるべきか自分でよくわかっているのよ」

毎朝起きると、鳥たちの鳴き声が聞こえた。スズメやカラスやオウム、マンゴーの木からウグ

イスの美しい声も。道路沿いには、まっすぐ高く伸びるアショーカの木、苦い味だけど健康いちばんのニームの木、マンゴーだけでなくグアバやタマリンドなどのフルーツの木も植えられていた。子どもは木に登ったり地面から石を投げたりして、フルーツを採る。鬼ごっこのときもよく木に登った。

車はほとんどなく、数台の三輪車と1時間に1本の公共交通バスが通っていたぐらい。ガタンガタンと音を立てる牛車を使う人もいた。その牛の首にかけられている鈴が、コンコンという音を立てる。自転車を持つ人もわずかにいたが、主な移動手段は徒歩だった。

田んぼでは長くて太いコブラがよく出た。アンバーナスはコブラなどのヘビが出ることで有名な場所。私の母が小さいとき夜眠っていたら、天井からコブラが落ちてきて額を噛まれ、数日間気絶していたという。意識を取り戻してからも、1年間はあごを動かせず言葉を発することができなかったらしい。66歳になった今でも、母の額にはっきりと傷痕が残っている。

温かい家族で育つ

私は、父と母と姉と弟の温かい5人家族で育った。

私が生まれたとき、母は22歳、父は30歳。母は16歳で結婚し、17歳のときに私より5歳年上の姉を生んだ。母も父も若いうちに結婚し、ほかに男女関係を経験したことがなく、互いへの信頼が強かった。父は国営の工場で機械製造の仕事をしていた。母は7学年が終わったところで嫁入りし、国立洋裁学校で学んだ後、洋服メーカーで洋裁の仕事をしていた。

父と母の収入を合わせれば、食べていくだけならそんなに苦はなかった。しかし1年間に私が与えられた洋服は母が縫った2枚、靴は学校で使う2足とほかで使うサンダル1足までという経済状況だった。

家の間取りは6畳の部屋一つに、小さなキッチンと浴室と和式のようなトイレがあった。最初のころは灯油ストーブの熱でご飯を作っていたが、数年後にはガスボンベに変わった。

夜は祖母と母が手縫いしてくれた1枚の大きな布団で眠る。そこで母が十字架のイエスのように両手を広げ、僕たちきょうだいはそれを枕にして寝ていた。今思うと、母はよくも毎日一晩中その体勢で寝られたなあ！　きっと毎日疲れ果てていたのだろう。

商い好きな母、ボランティア精神の父

母は活動的で仕事が大好きな人だ。朝は誰よりも先に起きて、朝食や弁当を準備する。以前は洋服メーカーに勤めていたが途中で辞めて、自宅で洋裁教室を始めるようになった。洋裁教室に来るのは基本的に15～25歳くらいのお姉さんばかり。みんな経済力が弱くて学費が払えないとか、勉強についていけないなどの事情で、学校に行けなくなった人たち。彼女たちは母から洋裁を習い、自立しようとしていたのだ。既婚のお姉さんたちは家族を経済的に支えようとしていた。

当時は結婚するにしても、洋裁ができることはプラスの評価になっていた。母の低価格な洋裁教室は評判になり、生徒がどんどん増えていった。お姉さんたちはみんなわが家の一員みたいで、一緒に笑い、互いに支え合っていた。父はいつも母のやることを応援したし、母の才能を褒めた。父と結婚することになった母は学校をやめ、プネにある父の実家で1年間過ごした。父の勤務先はアンバーナスだったため、その後、アンバーナスに戻ってきて裁縫の勉強を始めた。公立の裁縫学校に2年間通い、ディプロマ号を取得し、自立したのだ。母が不登校になった女の子たちを支えるようになったのは、自分自身も学校に行けない時期を経験していたからだ。

私が3年生になったとき、母はどこかで冷蔵庫の存在について聞いてきたらしい。月賦払いで冷蔵庫を購入すると、ミルクや乳製品パックの販売を始めた。うちの近所で冷蔵庫を持っている家はまだなかったので、母のミルクビジネスは繁盛し、父や私たちきょうだいも手伝った。

当時は街に店が少なく、ミルクは牧場のお兄さんが朝搾りたてのものを売りに来ていた。それを使い、各家庭でヨーグルトを作る。ところが冷蔵庫が来たことで、その概念が崩れ始めた。

父はいつも人を助けるタイプでボランティア精神が強く、社交的な人だ。思い返せば、父が誰かと喧嘩する場面を見たことがない。父と母が口論したのも、38年間の夫婦生活で数回だけらしい。それもすぐに終わってしまう。ときには給料を人にあげてしまい母の怒りを買うこともあったが、家族想いで、5時に仕事が終わるとまっすぐ帰宅した。私たちきょうだいとクリケットを一緒にすることもたびたびあった。

父は労働者組合の活動にも参加していた。毎年のメーデーで、私は父の自転車に乗って赤い旗を持たされ、大勢が集まる集会に連れて行かれた。

インドは小さいころから多言語教育

私は3歳から家の近くの幼稚園に通い、ヒンディー語と英語と数字を学んだ。自宅での会話はマラーティー語。そのころからお経の習い事も始めていたから、サンスクリット語も習得。こうして同時に4つの言葉を覚えた。

うちの周りにはインド各地から来た家族がいたので、いろいろな言語を日常的に耳にしていた。インドの子どもは幼いころからいくつもの言葉を聞いて、語学力が自然に伸びていく。

マラーティー語とは、西インドのマハラシュトラ州の公用語。世界では14番目に話者が多く、約1億人が話す。じゃあ日本語は何番目かというと、普段はあまり調べないよね。日本語は13番目で、約1億2600万人が話している。

インドで話される言語のうち、1番目は約35パーセントの人が話すヒンディー語、2番目は約11パーセントの人が話す英語、続いてベンガル語、マラーティー語という順番。マラーティー語は文法的に日本語に近く、語順もほぼ同じだ。だからマラーティー人には日本語が覚えやすい。またインド人は洋書も読めるので、そのことがIT業界に限らず、インド人がグローバルで活躍できる強い要因でもある。

そもそもインドには国語がない。インド憲法として、ヒンディー語が第一公用語で、第二公用語は英語。そのほかに22の指定言語がある。インドの紙幣はこれらの言葉で額が記載されている。母語以外の言葉ができない人も多いからだ。

弟の誕生と耳ピアスの儀式

私が4歳のときに弟が生まれた。ある日私が幼稚園から帰ってきたら、家の前に白い救急車が来て停まった。そこに母と弟が乗っていたのだ。弟は人形のように肌が真っ白で、目がきらきらしていて、とてもかわいかった。インドの多くの子どもは、生まれてまもなくは肌が白い。育つ過程でどんどん日焼けしていくのだ。近年は大気汚染の影響もある。私も生まれたときは今よりずいぶん白かった。

弟が生まれてから12日後、大勢の人が集まり「カルナウェーダ」という儀式が行われた。いつもお世話になっている貴金属細工の職人も街からやってきて、叔父の膝上に寝かされていた弟の耳にピアス穴をあけた。一瞬で純金の針金のようなピアスが通った。弟がわんわん泣くと、叔父が耳元で「悪いことをしたらこんな ふうに痛い目に遭うぞ」と小声で言った。このようにして幼いころから道徳教育が始まる。赤ちゃんが大泣きしているのに、周りの大人たちはみんな笑顔だった。

ヒンドゥー法では、カルナウェーダの儀式を男女問わず行う。生後6カ月目または7カ月目に行う場合もある。男子の場合は右耳から、女子の場合は左耳からピアス穴をあけるそうだ。そのとき万が一血管や神経を痛めてしまったら、その治療法もウェーダ（古書）に明記されている。耳にピアスをすることの効能については、脳の成長を促し、ヘルニアや水腫のような病を予防できると昔から言い継がれている。さらに男性の場合は精子が増え、女性の場合は月経周期を調節し、ヒステリーやその他の病気を予防できるらしい。鍼灸の世界では耳たぶが重要な経穴で、そこを突き刺すことで耳鳴りが予防できるそう。体内エネルギーの流れもよくなると言われている。

学校でいじめはないけれど体罰はある

私が5歳になった年、父の推しもあって、家から2キロ離れたところにあるインドの国立小中高一貫校に入学した。インドの学校は、6月末から7月上旬の間に新しい学年が始まる。3月から4月の間に年末試験があり、5月末に成績発表。夏はかなり暑いので4月の後半から6月の前半まで丸ごと休みになる。

学校の制服は、白いシャツにネイビーの短パンと黒い革靴。金曜日は白い短パンに白いキャンヴァス靴だった。学校は朝9時から午後3時過ぎまでで、放課後に日本の学校のような部活動はない。

朝は家でチャパティ2枚と野菜カレーを食べて、8時に家を出る。教科書、ノート、お弁当が入った布カバンを背中にかけて、いつも楽しく学校までの道を歩いた。途中でクラスメートが次々と加わり、30〜40分ぐらいで学校に到着する。

各クラスの生徒数は30〜35人。学校全体では1200人くらいいた。教室の正面に大きな黒板と先生の椅子とテーブルがあって、そこに向かって二人掛けのベンチが4列。入口側の2列は男子、奥の2列は女子。今思うと、なぜ女子が奥だったんだろう？　活発な男子がチャンスを見つけて外に逃げようとするからなのかな、それとも女子を奥にして守っている感じだったのかなあ！

クラスではみんな仲良しだった。クラスメートは1学年から10学年まで基本的に同じ。11年生から理系・商業系・文系に別れるか、他校に移る。工業高校なども別にあった。クラスには派閥がなく、いじめもない。いじめが起きる気配すらない。だからインドではクラス替えがない。

先生は優しくも厳しくて、ときには体罰もあった。どんな体罰かと言うと、生徒をみんなの前で立たせて恥をかかせるのだ。教室のベンチの上やクラスの外で。生徒に両手で耳をつまませて、クラスの外でしゃがみ込ませることもあった。とくにサンスクリット語の先生は体罰で有名だった。サンスクリット語は日常的に使わないから、興味を持たない子も多い。それで宿題をサボったり質問に答えられなかったりすると、木製の黒板消しで手の甲をたたかれた。ちなみに私は経験していない。ホントのことだ。私は宿題をするタイプだったから。言語は得意だったし。

体罰や学校内のことについて、保護者は何も干渉しなかった。そして先生は生徒たちのことを重んじてくれていたと、今振り返ってみて思う。

家庭内の怖いおしおき

5年生のころ、家からお金を盗んだことがあった。クラスメートのV君の叔父さんが中東に出稼ぎに行って、たくさんのホットウィール（ミニカーのブランド）の車を送ってきた。今まで見たことのないおもちゃ、すごくカッコいい！　私は1台の黄色い車が気に入ってしまった。

V君は25ルピー（約50円）でその黄色い車を売ってくれるという。それで私はわが家のミルクビジネスの売上金が入った箱から25ルピーを盗み、ミニカーを購入。でも、それがばれるまでには時間がかからなかった。勘定が合わないことに気づいた母が学校の鞄のなかにあるミニカーを見つけた。そして私の両手足を縄で結び、顔や背中や足を何回もぶった。もう二度と盗みをする気が起きなくなるぐらい。V君との取引はもちろん白紙になったし、彼も家でかなり怒られたらしい。

インドの多くの家庭では、こんな体罰は普通のことだった。子どものしつけのために必要なら容赦しない。父母のどっちが体罰を行うかは、それぞれの家庭による。わが家では父がすることはまれだった。勉強をせずマイペースだった弟は、いちばんの被害者だった（笑）。でも親からの体罰に嫌味はなくて、私たちきょうだいは親を恨んだことなどない。すくすくと育つことができたのは、そういうことも含めて親からの愛情深いしつけがあったおかげだと感謝している。最近はインドでも、学校や家庭内の子どものしつけが禁じられるようになった。西洋の影響が大きい。

母方の祖父母

学校にいるときの私はいたずらっ子でよくしゃべる子。でも家に戻ると、別人のように大人しくしていた。家の掃除や夕食後の片づけなど、家事も手伝った。学校でいたずらをすると、母方の祖父を経由して母に伝わってしまう。すると母に叱られ、場合によってはぶたれたりする。

私の祖父は地元の有名な料理人で、結婚式や先生の家のパーティーなどで料理を作っていた。アンバーナスの人から愛されていたし、かなり稼いでいたと思う。けれど祖父におごりはなく、シンプルな性格の人だった。祖父が作る料理は本当においしかった。インド各地方の料理を作ることができて、いろいろな州の言葉も話せた。それもまた人気の秘密だろう。

祖父母は私の家から徒歩5分の近所に住んでいた。だから私は週に1~2回も、祖父の料理と祖母のチャパティをお腹が壊れるまで食べられた。祖母の8枚層のチャパティには、特別な愛情が折り込まれていた。

祖父母は数匹のヤギと牛、数羽のニワトリを飼っていた。つまりミルクも卵も自家製だ。祖母の家に行くたび、私はニワトリを追いかけて走り回り、ヤギと牛を抱っこした。汚れていたら水で洗ってあげた。牛やヤギの出産にも立ち会い、小牛が生まれる瞬間も見たことがある。そのときお母さん牛から初めて出たミルクを温め、豆腐のように固めて食べた。おいしくてたまらなかった。子牛には申し訳なかったけれど……。

祖父母の家では一つ困ることもあった。トイレがなかったのだ。小便はどこでもいいが、大便は近くの畑に入ってする。小さな桶で水を持って行っておしりを洗うか、そばにある葉っぱで拭いた。排便したら土をかけるルール。朝の排便時間は男女で分かれていて、女性の時間に男性がその周辺に行くのは禁止だった。

このころは母方の曾祖母も生きていた。100歳を超えていたはずだが、本当に優しい人だった。人って年をとると優しくなっていくのかなあ。115歳で亡くなったときは目がもう見えなくなっていたけれど、人に頼らず日常を過ごしていた。曽祖母や祖父母を見て感じるのは、昔の人はナチュラルで元気な生き方をしていたということだ。

一方、父方の祖父母はすでに他界していた。祖父は学校の先生で、祖母は専業主婦だったみたい。祖父は私の生まれる数年前に亡くなった。祖母は私が4歳のときに亡くなったが、その直前に「またこの家に生まれてくる」と言い残したという。そして直後に私の弟が生まれた。祖母と同じで、おしりのある1カ所に緑のあざがあった。だから祖母の生まれ変わりだと、みんなからかなりかわいがられていた。

お経教室とマントラの力

私は小学校5年生まで、毎日お経教室に通っていた。先生は優しい顔をしていたが、指導は厳しい。先生は父の同僚で、夕方に先生の自宅でレッスンがあった。言葉はサンスクリット語。最初は簡単な短いマントラから始まり、だんだん長く難しくなっていく。

マントラには神秘的な力があるという。紙に書かれた言葉ではなく、先生が唱えるマントラを耳で聞いて、ひたすら復唱して覚える。インドの昔の教育方式がそうだったらしい。口頭で次世代に智恵を伝達していくのだ。

マントラを暗誦すると、暗記力が伸びる。脳内の点と点がつながった気がする。脳の灰白質が増加することが、近年の欧米での研究でも証明されているという。さらに言うと、サンスクリット語の発音は体内にパワーを発するという研究もあるそう。私は5〜6歳だったころ、30分以上ノンストップで唱えられる量のマントラを覚えた。そのおかげで舌が柔らかくなり、ほかの言葉も自由自在に発音できるようになったと思う。

うちの家族はヒンドゥー法を信仰しているので、ヒンドゥー法の神様のお経を毎晩読む。お経を読み終わるとディナータイム。みんなで一緒にご飯を食べてから、外を散歩したりおしゃべりしたりして過ごす。10時ごろには就寝。寝る前には母が神話を聞かせてくれて、私たちきょうだいはそこから道理道徳を学んだ。そのそばで、父はみんなより早く食べて、早く寝てしまう。

名字とカースト制度

私の名字「プラニク」には「聖典の語り手」という意味がある。17世紀の将軍からいただいた名字（称号）だそう。カーストのなかでお坊さんは上位にある。父方のカーストはそのなかでも上のほうで、経典を読むことができる。母方もお坊さんの家だが、父方の家とはカーストが違う。そのため二人の結婚は本来許されない。

でもわんぱく者の父はあきらめず、無理を通して結婚した。父は歴史あるプネの出身で、母はムンバイの出身。プネの家に嫁入りした当時、父の家のしきたりや料理がすべて違っていて、母は「人生をやり直したような気持ちだった」という。

インドで昔からある名字は、基本的に職業を表している。つまりわが家は聖典の読み聞かせを職業にしていた。しかしインドが外国の支配下に入ると、そのようなインド独自の文化や教育制度が壊された。そして残ったのは、差別の道具として使われるカースト制度の名残だけだった。

インドではカーストによる差別が今も存在するのか？　答えはイエスだ。一部の事柄において、カースト制度による差別扱いがある。たとえば教育や採用の機会では、たとえ点数が低くても指定のカーストや部族が優遇措置を受けられるようになっている。インドの政治家はイギリス人から学び、「分割統治」をするためにカースト制度を悪利用していると言える。それよりも経済的状況に基づいて支援を行うべきである。

学校の朝礼

インドの学校には給食がない。みんなお弁当を持って登校する。朝9時から全校生徒と教員が校庭に集まり、20分間の朝礼が行われる。集中力を高めるためのサンスクリット語のマントラ（お経）を歌い、国や社会への誓いを唱えて、生徒の代表が当番で時事ニュースを読み上げる。校長先生の短いスピーチの後、国歌を歌って解散だ。金曜日だけは朝礼が長く、みんなでラジオ体操をする。

サンスクリット語で歌うマントラの一部はこういうものだ。

アサト　マー　サド　ガマヤ　　　　　　　　　無知から真実へと導きたまえ
タマソ　マー　ジョティル　ガマヤ　　　　　暗闇から光へと導きたまえ
ムリトョル　マー　アムリタム　ガマヤ　　　死から永遠へと導きたまえ
オーム　シャンティ　シャンティ　シャンティ　オーム　平和をもたらしたまえ

これは特定の宗教や神様への祈りではない。自分自身の内側を見つめ、偽りや暗やみをなくして、平和を求めるような祈りだ。全員がいっせいに歌うと、その振動が高い空まで響きわたる。校長先生は毎日のように、何かいいことを説いてくれた。それが私たちにとっていい一日をスタートする原動力となっていた。

朝礼の間、各クラスで3人が当番で教室に残り、掃除をした。二人がデスクを持ち上げ、もう一人がほうきで床のゴミをはく。掃除が早く終わると、勝手にクラスメートの弁当を開けて味見する子もいた。僕もその一人（笑）。宿題が終わっていない子は、真面目な生徒のノートから宿題を写す。

学校には用務員も数人いた。彼らは廊下やトイレなどの共用部分を掃除する。このころのインドはプラスチックがほとんどなく、ゴミもそれほど出なかった。床にあったのは埃だけ。

弁当はスチールの2段弁当。1段は小麦粉で作ったチャパティまたはご飯で、マンゴーなどのピクルスももぐり込んでいた。もう1段はドライカレーまたはスープカレー。お昼の時間になると、みんな同時に弁当を開き、シェアしながら食べた。私の母はいつも2～3人分の弁当を持たせてくれた。弁当を持ってこられない子たちがクラスにいたから。

今ロンドンで働いているデヴェンドラ君が2～3年前に来日したとき、東京にいるわが母に会うと真っ先に「お母さんの弁当で救われた」と言ってくれた。また、あるクラスメートは、ほぼ毎日オクラのドライカレーだった。オクラを食べたら数学の能力が上がると彼の母は信じていたそうだ。信じ込ませようとしていたかもしれないな。しかし彼は最後まで数学が得意になることはなかった。

必需品の配給

このころは、街の数カ所に国の配給センター（レーショニング・センター）があった。米、麦、豆、砂糖、灯油、ガスボンベを通常の半分以下の価格で販売するのだ。

購入できる量は世帯収入および人数によって決まる。国からピンクの手帳（レーション・カード）が配られ、そのなかに世帯全員の氏名や誕生日などが書かれていた。レーションを受けると、受けた量と金額を書いて、配給センターが判を押すシステムだ。

配給される米や豆の質はそれほどよくなかった。でもうちは文句を言わずに楽しく食べた。少しお金のある家庭はレーション品を買わず、ジェネラル・ストア（普通のスーパーマーケット）に行って値段も質も高いものを買う。その代わり、自分のレーション品の権利を値引きして誰かに譲る。売れ残りは配給センターのオーナーが裏取引をしてしまう。

インドのレーショニング制度は、もともと1943年のベンガル飢饉から始まった。第二次世界大戦のときに、ウィンストン・チャーチル元英首相がベンガル地方の穀物をすべて取り上げてしまった。チャーチルはインド人に対し、人種的嫌悪感を抱いていた。ベンガル地方から穀物を取り上げ、戦争対策としてイギリスで備蓄し、人為的に飢饉を発生させたのだ。結果、およそ300万人が餓死した。農家の土地が取り上げられ、男性はイギリス軍に入隊し、その妻や子どもたちは難民となった。ベンガル地方の経済や人びとの生活は完全に崩壊した。

豊かだったインドが貧しい国になっていき、1945年に全インドでレーショニング制度を導入することになった。皮肉なことに、レーション・カードがかつては戸籍簿のような役割を果たしていた。この制度は現在のインドでも続き、極貧層の命綱になっている。

インド人は数学が得意ってホント?

インド人は数学が得意だと、日本では思われている。インドはゼロを含めた数字を発明した国だとも言われている。ちなみにインドで生まれた数字は、その後アラビアを経由して欧州に伝わったので、「アラビア数字」と名づけられた。歴史上に残っている記録では、5世紀にはインドの数学研究がピークに到達していた。アーリャバッタという数学者が、なんとπ(パイ)の値や平面三角法、球面三角法などを当時すでに発明していたという。

でも西洋人によって、インドどころかアジア大陸の黄金の歴史が書き換えられてしまい、これらの多くは西洋人が発明したことになっている。残念なことだ。

インド人は平均的に数学に向いているのかもしれないが、誰もが得意なわけではない。私のクラスで言えば、数学が得意だったのは35人中5人くらい。

実はかつて、インドからインド式数学が消えてしまったという過去がある。理由は1835年の「イギリス教育法」によって、インド全国でイギリス式学校が建てられたことにある。学校で英語を使うようになり、インド式の教育が廃止された。イギリス人の手下を育てるためのイギリス式の教育が導入されたためだ。地方など一部地域で、アーユルヴェーダやお坊さんになるための学校などが残ったが、ヨーガの学校はかなり消えてしまった。

19世紀初期の東インド貿易会社の統計によると、インドには40万以上の学校と数千の高等教育機関があった。当時のインドでは、教育については王族や管理職による干渉がなく、すべての教育機関が国民の寄付で運営されていた。そして学校では、口頭で学問が伝えられ、記憶力を伸ばすことに重点が置かれていた。ところがイギリスがその制度をみんな壊してしまったのだ。そのせいで私が学生のころは、インド式数学について聞くことすらなかった。しかし近年インド式数学の認知度が高まり、関連書籍が日本語にも訳されている。

軍事学校に合格するための特訓

7年生になると、ITの授業が始まった。デスクトップ・パソコンの操作や簡単なDOSコマンドから学び始めた。ウィンドウズのバージョンはまだ2・0だった。ワープロソフトも習った。学校にはパソコンが数台しかなくて、クラスメートと取り合いになる。でも喧嘩することはなかった。

ところでうちの父の夢は、私が軍人になって胸にメダルをつけることだった。8年生を卒業すると国立軍事学校に入れるので、7年生になったときから父の特訓が始まった。早起きしてジョギングしたり、急な坂を何度も上ったり降りたり、ジムに通ったり、サンドバッグをパンチしたり、バイクの運転を習ったり……。

父の友人も英語を厳しく指導してくれた。このころから父は私をキリスト教の教会やイスラム教のモスクに連れて行くようになった。どの宗教も平等に知ってほしいという思いがあったようだ。宗教や思考の面での多様性を教えられた。

私が軍事学校に入ることを夢見ていた父は、私に政治の話も積極的にするようになった。軍事学校の入学試験で政治や時事について聞かれるからだ。

1989年はインドの政治では波乱の年だった。大規模スキャンダルの裏で政権が交代し、ガンジー家が率いる国民大会議党が敗退した。新首相となったシン氏が、教育や就職においてカースト制度による優遇措置を導入した。また某有名寺院のあり方について、反ヒンドゥー法的な立場をとったことから、国民の間に不満がたまり、1年未満で失脚した。その次の首相も半年ちょっとで失脚するなど、インド国内の政治が不安定だった。私は学校でもこのような政治情勢について話し合ったり、ディベートしたりした。インドの学校では政治を語り合うのはタブーではなく、誰もが自由に考え、発言するのが普通なのだ。

その後私は軍事学校の入学試験を受けたが、クリアできなかった。何度もトライしたけれどだめだった。体重が足りなかったり、インタビューで軍人に必要な質問をされても瞬時にイエスかノーかを決められなかったり。

このころは毎日スポーツをする時間が長くて走ってばかりいたので、身体もなかなか太らない。だから父は私の体格をよくしようとたくさんバナナを食べさせ、ミルクを飲ませた。

コラム COLUMN
カーストって？

そもそも「カースト」という言葉の語源はポルトガル語だ。インドの社会制度を説明するのにはあまりふさわしくない言葉だが、やむを得ず使われている。

インドの古書に、紀元前1500年～500年の間に書かれたとされる『リグウェーダ』という書物がある。そのなかに社会制度についての記載がある。ブラフマン（お坊さんや教員）、クシャトリヤ（統治者、貴人や軍人）、ヴァイシャ（商業人）、シュードラ（サービス人）で構成される「ヴァルナ（Varna）」と、3000以上とされる「ジャーティ（Jati）」について語られているのだ。ヴァルナは職業柄として扱っていて、上下の差をつけていない。ジャーティは宗教に基づく世襲という考え方で、ジャーティごとに伝統や行事の差がある。ジャーティ間には、しきたり、権力、金力などにより上下関係があった。

では、ヴァルナやジャーティは固定のものなのか。神話や古書のなかでは、ヴァルナ間の異動やジャーティ間の上下異動の例が多数示されている。知識、知恵や技術の取得により個人のヴァルナ変更が生じた。

一方でジャーティについては、個人ではなく、ジャーティ全体のしきたり、権力、金力に基づいてジャーティとの上下関係が決まったそうだ。ヴァルナやジャーティの変更には氏名の変更が伴った。全体的に言えば、ヴァルナやジャーティは社会の構造的な分類であった。

当たり前のように、お坊さんや教員が社会ではいちばん尊敬され、その次に統治者や軍人が尊敬され、その次にお金を持っている者が尊敬されるようになり、いつの間にか①ブラフマン、②クシャトリヤ、③ヴァイシャ、④シュードラという目に見えない順番がついてしまった。

権力を集中させない安全措置として、ブラフマンによる資金や財産の保有が禁じられ、統治者が協議会を通さずに勝手に物事を決められないよう義務づけられていた。それでも、時代によって、社会差別が発生していた。

ブラフマンは村を歩き、ご飯を乞い、それを食べた。よって生活のためにお金を稼ぐ必要はなかった。考えることに専念できて、さまざまな分野の研究が進んだ。インドでは数千年前から数学、物理学、生物学、天文学、神学、哲学、医学、言語学等の研究が行われ、膨大な量の書籍が残されている。これらの古書を用いた教育が盛んで、古代にインドを訪れた西洋や中国からの学者・旅人もそれを記している。

サンスクリット語で書かれた古書は体系化され相互につながっている。もともとの古書、それに対する追加研究または解説についてもわかるようになっている。外国による支配が続き、インドの歴史について誤認識が広げられ、これらの古書については事実の隠蔽と解釈の誤解が発生した。多くの古書が支配者に持っていかれ、翻訳後、現代の研究などに使用されている。ヨーロッパの産業革命にも大いに役立ったのだろうと私は信じている。

結婚においても、いまだにほかのカーストとの結婚が簡単に認められない。恋愛もそう。ヴァルナやジャーティ間のしきたり、伝統・文化・言葉遣いなどに大きな違いがある。それに対する理解と妥協を持つ者のみに限り、ヴァルナやジャーティを超えた結婚が成立し得る。だって、日常的に食べる食事の辛さから服装の色まで、何もかも好き嫌いが違うからである。まるで国際結婚だ。

ちなみにインドには、ヒンドゥー法、仏教、ジャイナ教、シーク教などインド発祥の複数の宗教がある。これ以外にもゾロアスター教やイスラム教やキリスト教の信者も多くいる。そしてこれらすべてにそれぞれのカースト制度があるのだ。

私が学生のころはカースト制度について聞くこともなく、感じることもなかった。クラスにさまざまなカーストや宗教や経済的な状況の子がいたが、互いにとても仲良くて、カーストや貧富の差が障害になることはなかった。ヒンドゥー法の祭りだろうが、イスラム教の祭りだろうが、いつも一緒に祝った。ヒンドゥー法のホーリー祭でイスラム教徒も色とりどりの粉を互いに塗って「ホーリーへー」と挨拶し、イスラム教のイードのときに道で配られるキールをヒンドゥー法徒がうれしそうにいただき、「イード・ムバラク」と挨拶をした。

　カースト制度は今の企業組織となんら変わらない。ヴァルナは部署のようなもので、各部内の職位はジャーティのようなもの。会社の運営のために組織が必要。同様に社会の運営のためにヴァルナとジャーティの制度が設けられた。勉強して、精進して部署間で異動することもできれば、部内での昇格もありうる。同様に社会を組織化したのはインドのカースト制度だ。今の企業組織のなかでもコンプライアンスを無視する権力者がいるように、カースト制度にも弱点があった。

　17世紀にポルトガル人によってこの社会制度に「カースト制度」という総称がつけられた。ヴァルナとジャーティのマトリックス制度がごちゃ混ぜにされ、その理解を狂わせた。その後、イギリス人がインドに到来すると、分割統治（＝Divide and rule）という考え方のもとでヴァルナ制度の理解をさらに破壊させた。

　20世紀前半には、イギリス政府がカーストに基づく採用優遇制度（上席ポジションにおけるブラフマンやクシャトリヤの優先的採用）を導入した。形式にヴァルナ間の差別だったが、ジャーティ間の複雑な差別意識にまで発展したのである。

第2章 マンションへの引っ越しと初恋

よぎが10歳のとき、両親がローンを組んで1LDKのマンションへ引っ越すことに。学校までの道は節約のため往復2時間以上歩いて通学した。新しいマンションに住んでいた女の子に初めての恋も……。

マンションへの引っ越し

私が10歳になるころ、両親が住宅ローンを組み1LDKのマンションを購入した。広さは約60平米で、当時の価格は40万ルピー（約80万円）。返済は決して楽ではないが、家を持つことは母の夢だった。当時の父と母の月収は、合わせて5000ルピー（約1万円）ぐらいで、約1000ルピーがローン返済に回った。

引っ越したことで、学校までの道のりはさらに遠くなった。でも節約のため、往復2時間以上歩いて通った。踏切のないところで線路を渡ることもあったけれど、怖くはなかった。

マンションのリビングにはバルコニーもついていた。その外に小さい庭があって、母はバラなどたくさんの花々を育てていた。パパイヤ、バナナ、パイナップルやサポジラなどのフルーツもいっぱい。

引っ越してから、生活に大きな変化があった。家の食器が銅製からステンレススチールに変わったのだ。日常が忙しくなり、銅製の皿をピカピカに保つのが難しくなったためだ。うちのように、インド人の生活様式にだんだん外部の影響が表れ始めていた。

私が幼いころは、水道水を蛇口から出してそのまま飲んだりしなかった。冬は銅のポットに、夏は素焼きのポットに水をためて、そこからコップでゆっくり汲んで飲んだ。当時は深く意味を考えたことがなかったけれど、大きくなってからアーユルヴェーダ（インドの古代医学）を通じて利点を知った。浄化やアルカリ酸性のバランス維持につながるそうだ。素焼きのポットは自然の冷蔵庫。ためて置いておくだけで、水がほどよく冷えていい状態になる。

駅の近くには映画館があり、父がたまに連れて行ってくれた。とくにジャッキーチェンの映画が上映されると必ず観に行った。ほかにはヒンディー語のファミリー映画など。当時はチケットが5ルピー（約10円）。巨大な画面で観ると観客は映画の世界にどっぷり浸かってしまい、口笛を吹いたり踊ったりする。インドにとって映画は象徴的な存在だ。インドの映画産業は1890年代から始まり、今では年間2000近くもの映画作品が作られている。

新しいマンションに白黒ブラウン管テレビもやってきた。当時は国営テレビしか映らなかった。ヒンディー語、マラーティー語、ベンガル語、タミル語などのチャンネルがあった。

1987年から日曜日の朝に「ラーマーヤナ」という叙事詩のドラマが始まり、全国民が夢中になる大ヒット作になった。インド国民にとって、自国の歴史や道理道徳を学ぶいい機会になっていた。

「ラーマーヤナ」は紀元前8世紀に書かれたとされる2万4000の短詩の叙事詩だ。短詩に出てくる地名や惑星の位置などの計算から、紀元前73世紀に実際に起きた歴史だと考古学者が推定している。インドの二大叙事詩のもう一つが「マハーバーラタ」。紀元前4世紀に書かれたとされ、20万の短詩による世界最大の叙事詩だ。

インドの学校ではこの「ラーマーヤナ」または「マハーバーラタ」の叙事詩をカリキュラムとして題材にし、これらを通じて生徒に道理道徳を伝えている。

ほかにも生活の変化があった。姉が中学校（10年生）を卒業し、国立高校ではなく、家から近い大学付属高校に入学したのだ。今まで姉と一緒に通学していた私は、同じ学校の1年生になったばかりの弟と通学することになった。

姉は高校に入ると同時にタイプライターの勉強を始めた。そして数カ月後に小さな貿易会社でタイピストとして働くようになった。その給料で自転車を買い、私もたまに使わせてもらった。

難しいお経のレッスンが始まった

駅の近くに、力の神様であるハヌマーンの小さな寺院がある。私はここに何度か通ううち、寺院の世話係をしていた20代後半の男性と仲良くなりお経を教わるようになった。私はベーシックなお経をすでに覚えていたので、そのバラト先生からは2時間かけて読む難しく長いお経を学んだ。すべてを暗記し、しかも正しく発音しなければならない。

サンスクリット語のお経は連音が続くので、どこで切るかが大事だ。正しく発音すれば、独特な振動やエネルギーを発することができると言われる。でも発音できなければ意味不明なものになってしまう。

私はよくできたということで、先生から古いお経の本をプレゼントしてもらった。本をいただいて、まるで雲の上にいる気分だった。２００年以上前から存在する古い経本を、先生がくださったのだから。今でもインドの実家で大事に保管している。

スポーツにも励む、そしてトゥちゃん

わが家はマンションの1階だった。その上の2階に、トゥちゃんという女の子が住んでいた。トゥちゃんは私と同い年で、両親と3歳上のお兄ちゃんの4人家族。私はトゥちゃんのお兄ちゃんや隣のマンションの子たちと、よくクリケットや隠れん坊をして遊んだ。

トゥちゃん宅で一緒に遊ぶこともたまにあった。わが家ではトランプが禁じられていたので、トゥちゃんたちからトランプの遊び方を学んだ。一緒に遊ぶうちに私はトゥちゃんのことが少しずつ好きになっていた。つまり初恋だ。マンション前のグラウンドでサッカーをやっているとき、トゥちゃんが2階から見てくれている気がした。

このころの私はスポーツに励んでいた。サッカー、クリケット、中距離ランニング、高跳び、ローラースケートなど……。

ランニングでクラスメートと競い合うのが趣味になり、学校の運動の時間にはひたすらグラウンドを周回していた。のちに学校の運動大会で、いろいろな品目で表彰台に立った。チームで楽しむスポーツは近年オリンピックにも取り入れられているカバディ。でもたまにしかやらなくて、多くの場合はコーコーをやる。観察力、判断力、体力、瞬発力のすべてが問われるスポーツだ。

裸足でサッカーをしていたことで生まれた悩み

家にテレビがやってきてから、父にニュースとスポーツ番組の観賞を強いられるようになった。1986年のサッカー・ワールドカップは徹夜して観た。というか、徹夜が苦手な私も無理に観させられた。

ちょうどマラドーナが大舞台に現れた時期で、サッカー人気が急上昇。私も毎日夕方に2時間ぐらいサッカーを練習していた。マラドーナをまねして左足でボールを蹴るようになり、それが私の大きな武器になっていた。後に学校の代表チームに入り、州大会でプレーしたときも左フォワードとしてだった。

私はいつも裸足でサッカーをしていた。そのことで悩みがあった。足裏のひび割れがひどくなり、たまに血も出て痛む。両親も心配し、悩んでいた。ある日アーユルヴェーダの医者に診てもらったところ、原因は二つあると言われた。一つ目はスポーツをやることで体内に熱がたまること、二つ目は裸足でプレーしたことによる真菌症だと言う。

おそらく、靴を買えばどちらも解決できる。でもサッカーシューズは高くて、靴が欲しいと親に言えなかった。それに裸足でプレーするのに慣れていて、フィールドでは痛みなんて気にならなかった。裸足のほうが土や草に触れることができ、至福を感じられたのだ。

それで一つ目の問題の解決策として、足から熱を吸収するために足に油をつけて真ちゅうのボールで擦るようにした。これを母がよくやってくれたのだが、体から出てくる熱が油に伝わり、油が黒くなっていく。弟にやってみても黒くならないので、最初はびっくり。マジックだった！

二つ目は、殺菌のため塩水に足を入れること。しかし足裏の状態がかなりひどくなり、どうにもならなくなって、親がアンバーナスから約２００キロ離れたハリハレシュワルへ連れて行ってくれた。

ここには美しいビーチと、13世紀に建てられたという綺麗な寺院がある。療養がてらの巡礼だ。

現地に着いてから宿を探す。当時はネットなんてなく、それが普通だった。でも金銭的に余裕がなかったからホテルに泊まることができない。

それで口コミを頼りに、一人暮らしの80歳のお婆さんの家に1週間ホームステイすることになった。毎朝早く起きて、寺院でお参りしてからビーチを歩く。お婆さんが作るご飯、とくにサブダナ・キチュディ（タピオカを水で戻してスパイスで炒めた料理）などがおいしかったことをよく覚えている。

居候中、私はいい子にしていた。朝晩お経も唱えていたから、すっかりお婆さんに気に入られた。お婆さんには子どもがいなかったので、うちの両親に、私と養子縁組したいと頼んだらしい。お婆さんはマンゴーやカシューナッツを育てる木立のオーナーで、目が飛び出るぐらいの大金持ち。でもわが子を簡単に手放せる親なんてそうはいない。

アンバーナスに帰ってから、お経のバラト先生にその話をした。実はバラト先生は孤児だったので、両親がお婆さんと引き合わせてみたところ、話がとんとん拍子に進んでバラト先生がお婆さんと養子縁組をすることになった。

それはつまり、私がバラト先生とお別れすることを意味した。

姉の結婚

1991年、姉が19歳で結婚した。相手はプネ市の27歳男性。元軍人で、その後は農家をやっていた。

インドの結婚式は日本と違って祝儀がない。費用はすべて新郎と新婦の親が負担するので、資金はどうしようかと両親は悩んでいた。すると父方の叔母が一定の条件つきでお金を出してくれることになった。それで約40万円の大金をかけ、盛大な結婚式をやった。ミルクやガソリンがまだ1リットル＝10ルピー（約20円）の時代だった。ちなみに今はミルクが75ルピー（約150円）、ガソリンは100ルピー（約200円）くらい。

結婚式のためにプネ市内で大きな式場を借りた。うちからはたくさんの人が貸し切りバス2台に乗り、プネへ向かう。両家の近しい親戚約60人が2泊3日にわたって式場に宿泊し、3日間通していろいろな式が行われた。

式場は200年以上前の古い建築物。細かく彫られた木製の大きな入口を入ると、真ん中に天井の高い大ホールがあった。ここで儀式を行う。エントランスやホールの壁は上から下まで花で飾られていた。白いリリーと赤黄色のマリーゴールド。会場の空間いっぱいに、その香りが広がっていた。

3日間ぶっ通しで続くインドの結婚式

インドの結婚式は一般的に3日間にわたって行われる。そんなバカな、と思うでしょう？　もちろん1日に詰めることもできるけれど、あえて3日間にしている理由がある。インドではお見合い結婚が盛ん。互いに知らない新郎と新婦が多くの人に囲まれながら、行事を通じて近づいていくための工夫なのだ。

3日間の式は、次のような流れで進む（地域によって日数や行事の工程は違う）。

ハルディ　入浴式を通じて、ターメリックなどで作ったスクラブを使って、新郎新婦の体を清める。

メヘンディ　ヘナで手の平や足裏に模様を書き、美化するとともにヘナの冷却効果により疲れをとる。

サンギート　今までお世話になった親や親戚に対するお礼の儀式を済ませ、みんなで楽しく過ごす。

バラート　新郎と新婦が一度退場し、馬または馬車で新郎が式場へ登場。続いて新婦が登場。

カニャダーン　新婦の親が娘を新郎の親に託す儀式。娘のようにかわいがってください、と頼む。

ホーム・ハワン　聖なる火（の神様）を証人として、結婚式もマントラ（お経）が唱えられる。

マンガルシュタカ　新郎新婦が互いに花綱をかけ、新郎が新婦の首にネックレスをかける。

アグニ・プラダクシナ　新郎と新婦が火の周りを7周回る。これでもって法律的に結婚が成立。

サプトパディ　新郎と新婦が米の山を踏みながらともに7歩を歩き、互いに7つの約束事をする。

アシルワード　みんなが進路新婦の長生きと幸せと、たくさんの子どもが生まれるよう祝福する。

ウィダイ　新郎が新婦を（一般的に車で）連れて帰る。新婦側は泣きながらさようならを告げる。

グリハプラウェーシュ　米が入った器を足先で倒し、新婦が新郎宅に初入場する。

アグニ・プラダクシナまたはサプトパディをもって結婚式は終了する。いちばん大事だと言われるサプトパディの７つの約束事がこちらだ（ちなみにインドで７という数は、哲学的に自然を象徴する数。虹も７色だし、１週間も７日間。そして人間の心理サイクルも７年ごとに節目が来ると考えられている）。

互いに十分に食べ物を用意すること。
互いに身体的に健康でいること。
互いに精神的に健康でいること。
互いに愛し合い、喜びを分かち合うこと。
子どもを産み、力強い有徳な大人に育てること。
季節に関係なく、一緒にしのぎ、苦楽をともにすること。
互いに良い仲を保ち、相手を大事にすること。

姉の結婚式も、これらの儀式をフルコースで行った。儀式が変わるたびに、新郎と新婦が着替える。カラフルな服をまとい、美しい姿。姉はシャイな感じで、新郎は元軍人らしく堂々としていた。

1000人のゲストにランチを振る舞う

結婚式でもう一つの重要なのが食事だ。3日目に1000人を迎えてランチをして、この内容が結婚式の評判を決める。だから式場選びは、基本的に食事の評判を元に決める。招かれた1000人は、20人ずつ5列に座り、一度に約100人で一緒に食べる。司祭が大きな声でお経を唱えたら食べ始める。

わが家のしきたりとして、先に白いご飯と豆のダールを食べてから、プーリーまたはチャパティとカレーを食べて、味つきご飯（マサーレバートと言う）と里芋の葉っぱのカレーを食べて、最後は白いご飯とダールでしめる。5種類のカレーに加えて、サラダ、ピクルス、パパド、レモン、バターミルクなども。塩も必ず添える。スイーツはジャレビ。新婦と新郎が一人ひとりの前に行き、自分の手でスイーツを取り分ける。

このサイクルを10回も繰り返すのだ。食べ終わったら、お客さんは式場でおしゃべりするか、ゆっくりと帰って行く。お客さんが全員食べ終わったのを見届けてから、ようやく最後に新婦と新郎と親族がランチをする。

３日目の儀式も終わり、いよいよ姉との別れの時が来た。うちの親戚たちはみんな泣いていた。でもまだ中学生の私には泣く理由もわからなかった。だって結婚が決まったときはみんな幸せな顔をしていたし、結婚式の３日間もみんなわーいわーいと騒いで楽しんでいたから。

インドは90パーセント以上の結婚はお見合い

近年、インドの都会では恋愛結婚が増えているものの、いまだに90パーセント以上の結婚がお見合いで決まる。自由恋愛なんか認められない。親に恋愛について話したり、よそからの告げ口でばれたりすると、家から外出禁止になるのは一般的なこと。過激な地域では、暴行を受けたり殺害されたりという事件もある。

１９８８年に上映された「カヤマト・セ・カヤマト・タク」というボリウッド映画は、恋愛を反対され、最後に自殺に追い込まれる二人のラブストーリーで大ヒットした。自殺という結末は、ハッピーエンドというインド映画の常識を覆した。その後は現実社会でも、親に恋愛を反対されて手首を切るなど自殺を図る若者が増えた。

お見合いは、親戚や知人、聖職者や専業仲介人からの紹介が多い。占星術師に相性を確認する人もいる。その後両親や親戚が集まり、結婚式について決めていく。日時は占い師が決め、場所や招待者の人数や費用は親同士で話して決める。インドの結婚式と言えば、結納金の話が有名だ。結納金には全国的な基準がない。新郎側から、あるいは新婦側から求められたり、互いに求められなかったり、結婚後にいろいろなかたちで求められたり、地域やカーストや人によってさまざまだ。

母によると、時代によっても風習が変わる。女性の人口比率が少ない時代は、男性がより高い結納金を弾んで新婦をゲットした。結納金は二通りあって、求められて出すものと、新婦と新郎の新生活を支えるために自己判断であげるもの。現金、ジュエリー、高額な衣装、自動車、家具や家電、不動産などあらゆるかたちがある。

金欠と暮らしの変化

姉の結婚式が終わり、両親とアンバーナスへ帰ってきた。親が心配そうな顔をしていたが、私には何も言ってくれなかった。だって私はまだ子どもだったから。

その数週間後、アンバーナスのマンションを売却して、すぐ近くの安く狭い賃貸物件に引っ越した。もともとそんなによくなかった家計が、さらにきつくなっていった。

その数年後、わかったことがある。お金をくれると言っていた父方の叔母に結婚式が終わってから裏切られ、資金援助が断られていたのだった。そのため親は借金まみれになり、結婚式場やバス会社に支払いするお金がなく、マンションを売ったのだ。

住んでいた家がなくなって、私は結婚式を嫌うようになった。大金を使い、たくさんの人を招待して、みんながおいしいご飯を食べて、祝福の言葉を述べて帰る。そして最後に残るのは借金だなんて。それよりも結婚式に使う金を新郎新婦に渡して、新生活の土台にすればいいのではと思った。

しかし最近になり、インドの結婚式について学ぶにつれ、作法が大事なものなのだと感じるようになった。ただし家庭の経済状況に応じて、無理のないようにやればいいと思う。

当時のインドの法律では、結婚できる最低年齢は18歳と定められていた。しかし私の従妹たちは15～16歳で結婚した。昔のインドでは、早く夫婦関係を結ぶことで夫婦の強い絆を作ることができると考えられていたのだ。恋愛を経験する前なので、誰とも比較しないしされない。純粋に互いを信じ合い、愛し合う関係を構築できる。早めに結婚した従妹たちの結婚はみんな成功している。

中学校の卒業試験と私の勉強法

１９９１年、私は10年生（14歳）になっていた。学校教育のなかで人生を左右する中等学校卒業試験を迎える年。私は毎日何時間も勉強するタイプではなかった。母は心配して塾に行かせようとしたけれど、塾は嫌だった。自力で勉強したかったし、親に金銭的な負担をかけたくなかった。

10年生のとき、トゥちゃんを追いかけ回していた男子がいると知った。トゥちゃんが通う州立学校の、ちょっと不良っぽい男子。ある日その男子に対峙し、「トゥちゃんを追いかけ回すな」と私は言った。相手方は３人、私は一人で、見事に殴られてしまった。その翌週、私が二人の友人とともに今度はその男子をボコボコにした。彼と二度と会うことはなかった。

このころ一つ大きな気づきがあった。授業で学んだことは記憶に残るのに、分厚い教科書を読み続けることができない。分厚い本を手にした途端、眠くなってしまうのだ。

それで分厚い本を読みやすい分量に裂いて、一度読んでからノートに簡潔にメモをとった。その後は二度と教科書を読まず、メモだけを参考にした。メモを絵にして、試験のときに画像として思い出したり、必要な長さの文書にしたりして表現していた。インドの卒業試験はたくさん書かないといけないのだ。3時間でA4用紙30~40枚も！

もう一つ気づいたことがあった。私にとって父が精神的な大きな力になっているということ。心の頼りだった。とくに試験の時期は父がそばにいないと馬力が出ない。一般的にインド人は家族を置いて出張や単身赴任をしない。でも、父は大の旅行好きだったので他人の出張まで引き受けてしまう。だから中等学校卒業試験のときは事前に父に「家にいてほしい」と頼んだ。

中等学校の卒業試験が近づくと、母に朝3時に起こされた。水に足を入れた状態で勉強させられる。母が隣に座り、万が一私が居眠りをすると後ろからたたかれる（笑）。

このように母の力も借りながら、朝の時間帯に集中して勉強した。インドでは3時過ぎの時間をブラフマ・ムフルタと言い、そこから日の出前後までは集中力がいちばん高まる時間帯だと言われている。

1992年3月、試験が始まった。まずは数日かけて実験と口頭試験。それが終わってから筆記試験。試験は3週間ぐらい続いた。そして1992年5月末、中等学校の卒業試験の結果が発表された。私の成績は一等級で、高校は中学校と同じ敷地にある一貫校の理系に入れた。一等級は理系に、二等級は商業系、三等級が文系に入る権利を得られる。一等級の成績だと、どこに入るかを自由に選べる。その逆は許されない。

今まで一緒に勉強してきた多くの仲間たちとの別れの時期が来た。点数や好みによって、同学校の商業系、文系に入る子もいたし、大学付属の州立高校、工業高校（ＩＴＩ）、技術短大や軍事学校に進む子もいた。インドの義務教育はここで終了。勉強についていけない子や経済的に弱い子は、ここで学校教育から離れていく。

姉の出産と子育ての第一歩

１９９２年５月、姉に男の子が生まれた。出産のため、姉が実家に帰省していた。

私は中学校の卒業試験が終わると夏休みに入ったので、赤ちゃんの世話に励んだ。かわいくてしょうがない。母が姉に赤ちゃんの世話の仕方、衣替え、マッサージなどさまざまなことを教えていた。私もそれを見て覚えた。インドには大家族が多く、自分の子どもを育てる前から子育ての経験ができる。

１９９２年８月、私が高校に入ってまもなく父が転勤になり、生まれ育ったアンバーナスを離れることになった。でもその前に事件が起きた。人生を左右するような大事件が。

第3章

日本への留学チャンスがやってきた

高校に入学したよぎは、物理学の先生からほかの生徒の前で顔をバチーンと叩かれ、先生を見返すぞ！と心に誓う。高校卒業後はトラブルに見舞われながらも大学に入り、日本語と出会った。

父の転勤とプネ市への引っ越し

1992年7月、私は高校に入学した。小中校一貫校だったから慣れた環境でリラックスしていて、スポーツや生徒会での活動に時間を使うなど、勉強から少し遠ざかっていた。自分は勉強ができると自信過剰になっていたと思う。

高校入学から1カ月経ったころ、月末試験があった。物理学の先生が採点済みの回答用紙を手にクラスに入ってきた。いちばん前のベンチに座っていた私が立たされ、「よぎ君はわがクラスの最高の成績だ」と言い、みんなの前で私の顔をバチーンと平手打ち。私の成績は35点満点中1・5点だったのだ。私はこの屈辱を胸に「先生を見返してやる」と自分に誓った。

その翌月、父の転勤に伴いアンバーナスからプネ市に引っ越した。10年以上通ってきた学校、一緒に成長したクラスメート、初恋のトゥちゃん、サッカーやスケートの仲間たちともお別れだ。辛い。1年ぐらい前に結婚して離れていった姉も同じように辛かったんだろうな、と思った。

プネでは父が祖父母から譲り受けた家に住む予定だった。ところがトラック1台分の荷物を持ってプネに着くと、父方の叔母に入居を拒否された。いきなりホームレスになった。予想外のハプニングだった。

やむなく私と弟は、知らないお婆さんの家に下宿することになり、父と母はどこに住んでいたのかわからない。家族がばらばらになってしまったが、仕方なかった。学校から遠いので、二カ月後、姉の家に引き取られたが、母と父は姉の家にあまり寄りつかない。インドのしきたりとして、嫁に行った娘を頻繁に訪れてはいけないからだ。当時は電話もないから、親に連絡するすべもない。

私と弟はプネのサザン・コマンド国立学校に通い始めた。姉の家から片道徒歩40分ぐらいだった。この学校は軍人の子どもが多く、みんなとても堂々としていた。私は数学、とくに微分、積分、極限や確率論が得意だったから、クラスメートから複雑な問題の解き方をよく相談された。物理学にも励んで、とくに電気系の実験が好きだった。

「住むところが準備できたよ」

１９９３年4月、父と母が迎えに来た。古くからの父の友人の兄弟が持つ物件が空いて、月に５００ルピー（約１０００円）という低賃料で貸してくれたという。50平米１ＬＤＫの小さな一軒家で庭もあった。

この家はプネ中心部から20キロ離れていたため、またもや転校だ。高校2年生からは、この家から4キロのところにあるデフ・ロード国立高校に入った。片道は徒歩で1時間だった。新しい住居、新しい学校生活の始まり。でもインドって常に共生社会。どこに行っても受け入れてもらえる。学校でも自宅周辺でも、すぐにみんなと仲良くなった。

私がこの学校に転校してきたのと同時に、北インドからも双子の男子生徒が転校してきて、一緒に勉強したり、たっぷり遊んだり、彼らと仲良くなった。

まもなくやってくる高校卒業試験は、人生の流れを決めるターニングポイントになる。このころ母はいつも「勉強しろ、勉強しろ」と言い続けた。いつの間にか数学と物理学の家庭教師まで探してきて私たち3人に勧めてきたけれど、3人ともまったく興味を示さなかった（笑）。

高校卒業試験とジュガード

1994年3月、高校の卒業試験だ。全国の国立校数百校（2023年12月現在は約1250校）の生徒がいっせいに受ける試験で、理系の場合、評価される教科は英語、数学、物理学、化学と生物学。課外教科として図工と体育と一般教養。評価されない、つまり成績表に載らないのはヨーガ、音楽とIT。

中等学校卒業試験と同様で、母に起こされて早朝から勉強する。物理学、化学、生物学はそれぞれ筆記と実験の二部に分かれていた。試験が終わったら自由な身になった感じだった。

その後、国立軍事学校の入試（筆記試験）も受けた。わざわざプネから150キロ離れたムンバイまで行って、アンバーナスの同級生と受けた。父の希望に応えたかったのだ。

試験が終わって、その足で映画館へ行き『ジュラシック・パーク』を観た。満席だったけれど、カウンターのお兄さんに頼んで、階段に座って映画を鑑賞させてもらった。日本ではあり得ないことだろう。このようなことを、インドでは「ジュガード（創意工夫）」という。人と交渉して、人を説得して、不可能と思われることを可能にしていく。結果が伴わなくてもやってみる。結果を気にしないでまずやってみろ、とインドではよく言い聞かされる。

戦後のインドはかなり緩やかなペースで建国された。日常のなかには詳しいプロセスが存在しないし、存在したとしても人はそれを守らない。そしてインド人は感情で動く動物。日本のように「できかねます」「言いかねます」のような考え方や決まり文句はない。ハードルにぶつかったらとにかくやってみるしかない。悪いことをして捕まったときは賄賂を払って自由になることもできる。いい面も悪い面もある。

高校卒業試験の不合格通知

1994年5月末、高校卒業試験の結果が出た。成績表を手にしたとき、自分の目を疑った。「試験欠席（0点）」で総合評価は不合格。人生初の不合格だった。

すぐ担任に相談し、校長にも申し出た。試験会場となった母校には出席記録がある。校長先生からもっと上に申告してくれた。

わが家はお葬式みたいなムードになった。姉と弟はぎりぎり合格のような学力だったから、私は親の期待の星だったのだ。校長は「早く解決したいなら、国立学校の南インド本部が置かれているチェンナイへ行ったほうがいい」と言い、教育本部長への手紙を書いてくれた。チェンナイまではプネから1200キロ、20時間の電車の旅。お金もかかる。それでも、父と母と私の3人で行くことになった。父は英語が得意ではなく、偉い人と対等に話せないということで、父の同僚も同行した。

チェンナイに着いてさっそく教育本部長の事務所へ。教育本部長に依頼文、校長からの手紙を渡し、調査をお願いした。教育本部長が担当者を呼び、回答用紙の保管倉庫を調べるよう命令した。数時間かけて探したが、回答用紙が見つからなかった。

高校卒業再試験と大学入学の苦難

教育本部で話し合われ、1カ月の準備時間をもらって、6月末に再試験が用意された。チェンナイからプネまでの列車のなかでは終始無言だった。わが家では空気がぴりぴり。このままでは大学の入学申請期限が過ぎてしまい、私はどの大学にも入れなくなる可能性が高いからだ。インドでは浪人という考えはない。だから試験を受けて無事に合格通知と成績表が郵便で届いたときは、ほっとした。しかし案の定、どこの大学も受け入れてくれない。

7月、ある大学の自動車工学部に辞退者が出たので入学可能と言われたが、大学から5万ルピー（約10万円）の寄付を求められた。父と母が寄付金を用意すると言い出したが、私は親にそんな面倒をかけたくない。それで親の反対を押し切り、プネ大学のエス・ピー・カレッジの物理学部に入学した。本当はこの大学も締め切っていたのだが、姉の義妹シュバンギさんが口を利いてくれた。エス・ピー・カレッジはプネ大学管轄内の理系大学のなかでトップだった。学費は年間1300ルピー（約2600円）。親に負担をかけずに済むし、私を平手打ちした物理学の先生を見返したいという自分への約束も果たせる。ちなみに2023年度の年間学費は約2万6000円である。

振り返ってみると、1984年にインド人初の宇宙飛行士シャルマ・ラケーシュが誕生し、インド中が熱気に包まれた。私も研究者になって宇宙飛行士になりたいと周囲に言いふらしていた。その後、中学生時代は道を走る車やバイクを見て驚いた。どのようにしてこんな物が動くのか好奇心がわき、自動車工学を学びたいと思った。でも、大学を選ぶ際に、物理学の先生を見返すことが動機となってしまった。このようにして周辺で起こるいろんなことに影響されて、夢や目標が変わっていくことがある。

母がアメリカへ行ってしまった

1994年6月、母がアメリカへ行ってしまった。向こうから仕事のオファーが来たのだ。母は行きたくなかったが、父が背中を押した。母は英語ができない。でも、自分の能力と努力に自信を持っていた。アメリカ大使館でのインタビューも無事通過した。

渡航当日、車をレンタルして家族全員でプネから約160キロ離れているムンバイ国際空港へ向かった。道路状態が悪く、道中で車のタイヤがパンクした。修理していると、飛行機の時間に間に合いそうもない。全員で道路のほうに手を伸ばし、母のヒッチハイクに成功した。結果的に母を空港まで見送ることができなかった。今でも悔しい。

母がアメリカへ行ってしまい、わが家は父と私と弟の男性家庭になった。3人でなんとなく料理を頑張っていたけれど、弁当を持っていくほどではない。昼ご飯は屋台でドーサ（米と豆のクレープと野菜カレーのセット）などを食べた。あまりお金がなかったので、いくつかの屋台と値段を交渉し、その屋台でしか食べなかった。1食2～3ルピー（4～6円）ぐらいだ。

夏になるとたまに2ルピーで砂糖キビのジュースも飲んだ。キビを機械に通してジュースを搾り、ショウガとレモンを足して、おいしくヘルシーな飲み物ができあがる。インドではいつでもフレッシュでオーガニックなものが堪能できる。

日本語との出会い

それから数日間、私と父でさまざまな大学や教育機関に行き、あらゆる可能性を探っていた。軍事大学はもう無理だった。それでプネの街を歩いていたら、ある建物の外に長蛇の列が。何かと聞いてみたら、プネ大学の外国語学部だという。いちばん人気のロシア語とドイツ語のほかにフランス語と日本語もあるらしい。

第二次世界大戦以降、インドはロシアとの関係が深く、ロシアに医学や工学を学びに行きたい人がロシア語を学ぶ。ドイツにおいても文化、教育および技術研究に関する交流や協力関係があり、仕事や翻訳の機会が多かった。

父に「何語を学ぶのか」と聞かれた私は、以前も少しスペイン語やドイツ語を学ぶ縁があったから「ドイツ語」と答えた。すると父は「おまえ、つまらないな」。学生募集のポスターに書かれている日本語を示し、「この、ヘビのようにウニャウニャとしている日本語がいいんじゃないの」と言う。

外国語学部の授業は隔日、週3回、午後6時半から8時半。その場で月水金はドイツ語、火木土は日本語で入学手続きをし、学費はそれぞれ年間300時間の授業を受けて、それぞれ各300ルピー（約600円）を支払った。

このとき私は日本について、ほとんど何も知らなかった。学校時代8年生の教科書で日本について半ページぐらい勉強して、日本の文字を一度だけ目にした記憶がある。

あとはテレビCMで日本人を見かけたぐらい。よく覚えているのは、1993年に販売開始したインド製スズキ・サムライという100ccバイクのCMに出ていた日本人男性。何を聞いても「ノープロブレム」としか言わない。インド人の口癖をまねしたのだ。また、電気蚊取り器のCMで蚊をばくばく食べる日本人も不思議だった。なんであんなCMになったんだろう。CMに出ている日本人の顔はどこか東北インド人にも似ていた。

大学で忙しい毎日を送る

いよいよ大学が始まった。並行して私立のIT校にも入学したので、朝から晩まで超タイトなスケジュール。朝の5時30分に家を出て、大学までの20キロの道のりを自転車で走る。6時30分から9時まで実験室。9時から午後1時まで理系の授業を受ける。午後2時までお昼とIT校までの移動。午後2時から5時までコンピューターの授業を受けて移動。午後6時30分から8時30分までドイツ語または日本語の授業を受けて、自転車で帰宅する。電車を利用することもあった。

大学の校舎はインド・サラセン様式で石詰め3階建ての建物。正門から入ると大きな噴水とポーチがある。グラウンド、水泳プール、学生寮も備えた、緑が多くて素敵なキャンパスだ。今まで通った学校と違って各教室は2倍くらい広い。大学では物理を専攻した。力学、量子力学、相対性理論、光学、熱力学などを学ぶが、私はとくに電磁気学に重点を置いた。副専攻は三次元数学。そして統計学と、趣味として地理を学ぶことにした。

印象に残っているのは数学を教えるソラプルカル先生（男性）だ。とても厳しかった。教室にいる150人の生徒をよく見ていて、集中力を切らした生徒がいればチョークを折って投げつける。反対に、統計学を教えるダワリカル先生（女性）は優しくて、頼りがいのある先生だった。

カースト制度の初体験

大学の初日、二人掛けのベンチに座った。私の隣に高そうな外国産の靴を履いた男子生徒がいた。私は学校の靴以外の靴を買ったことがなくて、ピカピカの彼の靴が目に飛び込んできた。互いを知り合うなかでわかったことは、彼はぎりぎりの成績で高校卒業試験を合格していた。でも政府からのカーストによる優遇を受けてこの理系でトップの大学に入学できた。彼の家はお金持ちで、塾に行く余裕もある。社会的に遅れているわけでもない。彼のような子たちが優遇を受けていなければ、もっと適した生徒が私の隣に座っていたかもしれない。

1989年に政府が定めたカーストの優遇措置について、私は政府を恨んだ。カーストではなく、経済的状況による優遇措置をとるべきではないのかと思った。カーストで人を分け、引き離すのはもういいよって。彼とはその後も仲良くしていたが、彼は次第に勉強に追いつけなくなっていった。

このころの私には市販の服を買う余裕はなかったから、自分で手縫いした服を着ていた。高校時代の夏休みに母から裁縫を習い、シャツとズボンくらいなら縫えるようになっていた。カット布を安く仕入れて、組み合わせて縫う。違う色のポケットや襟や袖を付けたりして、斬新なデザインを試みた。

足元はサンダルを履いていた。使い捨てられた車のタイヤから作られたサンダルで、頑丈で長持ちするのだ。バッグも自分で縫ったもの。

空軍訓練隊への入隊

大学が始まった直後、学内の掲示板に軍事訓練隊募集の案内が貼られた。私は航空軍事訓練隊に応募し、さっそく訓練が始まった。

訓練隊のプネ市本部に呼ばれ、隊服を渡される。右胸に氏名のネームプレートもついた。土日の朝6時から昼の12時まで行進などの課外訓練をして、その後昼ご飯を挟み、午後1時から4時まで屋内で授業を受けた。

授業では空軍関連や飛行の物理などを勉強した。リモコンで制御する軽量木材の飛行機も作った。屋外のキャンピングでは、実際に鉄砲を撃つ練習やパラグライディングもやった。土日の朝の訓練は厳しかったけれど楽しかった。アドレナリンが出て、次々と訓練をこなす。どんどん体と心を鍛えていく。

日曜の夜は、新聞社で営業のバイトをした。マラーティー語の新聞に子ども向けの英語新聞がセットになっていて、人の家を訪ねて、その購読を促す。新聞社から得る給料が平日のランチ代や学費になる。

ITの基礎とインドITの強さのわけ

1994年7月、大学入学と同時に民間の情報技術（IT）学校にも入った。学費は2年で5000ルピー（約1万円）。20回の分割で支払う。平日の午後2時から5時まで授業を受ける。ワープロソフトから、プログラミングやデータベース管理、そしてプロジェクト管理の基礎まで習う。ITと言えば主に二つ。①作りたい物についていかに細かく分けて考えることができるか。②考えたことを技術言語でどのように表現するか。

うちのクラスには15人ぐらいいた。初日のレクチャーを思い出す。ミルクティ、つまりチャイを作る工程を書きなさいと先生に言われたのだ。へえ、なんで？ 情報技術と関係ないだろう。実は、これが右記①の勉強だった。チャイの作り方を細かく書き出してみると、チャイ作りはこれだけ長い工程なのだとわかった。そして、その工程のなかで発生するかもしれない例外も考えた。たとえば砂糖が切れていたらどうするか、ガスが途中で出なくなったらどうするかなど。これは工程や要件および例外の分析と言う。この授業はITの基本を身近なテーマから考えさせる工夫だったのだ。

じゃ、②はどうなんだろう。これがインド人の強みかもしれない。インド人が多言語環境で育ち、英語ができる。世界中の書籍やネット投稿が読めて、新しいものに挑戦する好奇心がある。技術の素早い変化に対しても、常に対応できている。よって、①の要件が決まるとそれを技術言語で表現するのは得意。

インドは1960年代から戦略的にIT教育と研究を進めてきて、1966年にインド初の民間IT企業が誕生。1980年代に次々とIT企業が発足した。これらの企業は人材育成に力を入れ、柔軟な人材を開発してきた。ITだけではなく、チーム管理、品質管理、作業や工程管理など管理面の教育も行なってきた。同時に金融、物流などの業務に関する知識も育成した。

1987年にアメリカがインドへの最新のスーパーコンピューター販売を拒んだ。天気予報を目的とした古い型番ならいいと。その理由とは、1980年代の後半にインドは長距離ミサイルの実験をしていたことだ。この時期は日印関係もさらに冷めていた。そこでインドが1988年にC-DAC（先進的コンピューター開発センター）を立ち上げ、3年で独自のスーパーコンピューターParam8000を完成させた。1991年8月、インドはスーパーコンピューター開発で大盛り上がりだった。天気予報のみならず、正確な防衛システムの構築に使うという。隣接する中国やパキスタンとの敵対関係もあり、牽制という意味でもインドとしては一定の防衛能力にこだわっていた。

2000年問題ではおそらく仕方なく世界中でインドのITエンジニアが使われた。でも、今やインドは世界中のITニーズに応えている。ソフトウェア製品などを作り、新たな方向に走り出している。でも過去10年間の爆発的な業務拡大のなか、人材不足から品質面の対応が少し危うくなってしまった。そして、インドでの急速なインフレによりコストメリット（低コストであることによる業者としての魅力）も下がってきた。インドのITはまだ人力に頼る一次産業界だが、ソフトウェア商品を作成・販売するITの二次産業界、さらにはサービスを提供する三次産業界に突入するだろう。

日本語の文字を覚える

1994年7月から日本語やドイツ語の授業も始まった。

日本語教室の初日。教室の入口に20歳を過ぎたぐらいの若い男性が立っていた。腰を曲げて「ようこそ」と言った。その人の言うことや仕草がいちいち気になったけれど、私はとりあえず教室に入った。

数分経って、同じ人が教壇に上がり「はじめまして」と言った。彼が日本語教師のアジャイ先生だった。その後は「私は〇〇です。どうぞよろしくお願いします」と自己紹介を復唱したり、日本の地図を書いたりした。先生の笑顔はとても優しい。太い声も気持ちよく、心に響いた。

「次の授業のときに算数用の四角い枡のノートを持ってくるように」と先生から言われ、私は「へえ、なんで？」と思った。何をするかというと、4つの枡の中にバランスよく、字を大きく書くという。ええ、まさか！ 小学校でもそんなことをしていないよ。そもそも枡入りノートは算数に使うもので、言語や文字の練習に使ったことがない。でも言われたとおりに文字を書いた。

平仮名はどれもこれもヘビが酔っ払ったように見える。先生はとても親切に学生一人ひとりのデスクを廻り、字の形を確認した。いちばんきれいに書けた字に〇をつけ、「この字を見本にしよう」とほほ笑んだ。

日本語の授業は1コマ2時間×週3回。1カ月、つまり約24時間で平仮名と片仮名の読み書きを覚えた。片仮名はツンツンと尖ってちょっと痛そうな感じに見えた。

日に日に日本語が好きになる

しばらくして日本語学科の行事が始まった。クイズ大会、弁論大会、クリケット大会、展覧会、学年祭。これらを行う目的は、遊び感覚で学生らに日本語や日本文化の魅力を伝えることだった。

私はどの行事にも積極的に参加した。先輩に囲まれて、みんなが家族みたい。学部のキャンパス内にはラメシュさんが営む露天喫茶店があり、授業の前後にそこに集まっておしゃべりをした。日本語学科はカップル結成率も高く、授業をサボって喫茶店でデートをする恋人たちもいた。私は彼らのことがちょっぴりうらやましかった。

12月、西インド日本語弁論大会が開催された。そのとき粉砕屋をやっていたスレーシュ先輩にお世話になった。

インド料理では小麦粉、豆粉や米粉を

よく使う。でも、加工済みの粉を購入すると原料の品質が確認できない。だから穀物を買って、それを粉砕機で好きな粒度で粉にする。同じ小麦粉でも、チャパティを作る場合とスイーツを作る場合では適した粒度が違う。私はわが家の穀物を持って、スレーシュ先輩の店によく行った。

弁論大会のことをスレーシュ先輩に話すと、演説方法を教えてくれることになった。スレーシュ先輩は舞台劇の経験者で、立ち方から体の使い方、身振り、手振りから発声の仕方まで教えてくれた。先輩は演技や音声変調が上手で、本当に感心した。

スレーシュ先輩とアジャイ先生の指導のおかげで、私は1年生の弁論大会で2位になった。

よぎ式日本語勉強法

私の日本語の練習方法とは、学校の教科書『日本語初歩』(国際交流基金日本語国際センター編)を鏡の前に立ち、大きい声でひたすら読むことだった。1年間で少なくとも50回は復唱した。家族にいつも笑われていたが、その練習のおかげで単語や文法が潜在意識のなかに記録されていく。会話力も文書作成力もどんどん上達した。日本語の発声で使う筋肉が上達し、発音がうまくなった。

教科書以外の教材を使う同級生もいたが、私は中上級生になるまでそのような資料に手を出さなかった。教科書だけを忠実に。言語というのはいくつかの文法パターン(せいぜい10~15種類ぐらいなら十分)に動詞、名詞を組み合わせて文章を作るもの。一段レベルを上げると形容詞を利用した少し複雑な文章の作成になる。副詞、ことわざ、慣用句や喩え話も使えるようになったら言葉が洗練されていく。

1995年1月、日本語学科の学年祭があった。1年生だった私は一人芝居で舞台に登場した。スレーシュ先輩の指導を受けてハムレット「生きるべきか死ぬべきか」のマラーティー語を完璧に仕上げていた。でも大きなホールの舞台に立ち、1000人ぐらいの観客を目の前にした途端、セリフが頭から吹っ飛んでしまった。それを感知したアナガ先輩が舞台袖からセリフを囁いてくれて、なんとか芝居を終わらせることができた。恥ずかしかった。

二度目の弁論大会で優勝

2年生になると日本語がだんだん難しくなってきた。敬語、謙譲語、受身形それらの言葉の使い方の背景にある目上の人を敬う文化。日本語の勉強が、いつのまにか日本文化の学習につながっていた。そして弁論大会や、日本語能力試験の準備を通して、自らの気持ちや考え方をなるべく正確に効果的に表現する方法を考え、工夫した。なるべく規範的な日本語を習熟したいと同時に、自分らしい日本語を身につけたいと思うようになった。

その年の12月に西インド日本語弁論大会が開催された。またスレーシュ先輩と当時のファタック先生の厳しい指導を受け、西インド日本語弁論大会ジュニア部門に出場した。真面目に練習し、優勝した。本田賞も受賞した。みんなが祝福してくれた。スタジオに行って家族やスレーシュ先輩と写真撮影をした。重たい優勝トロフィーをもっていろいろな人に見せて回った。理系を学んでいたエス・ピー・カレッジの院長にも見せて、お祝いの言葉をいただいた。

全国大会は翌年2月にニューデリーで開催される。シニア部門の優勝者も含め西インドから参加者二人と先生一人の3人で、長距離特急電車で25時間ぐらいかけて約1500キロ離れたニューデリーへ。初めてのデリーへの旅だった。

宿泊先はどこかの大学寮だった。すると部屋にデリーの大学のやつらが来て、「デリーからの出場者はすごく強い」とか「プネの人は絶対に勝てないぞ」などと言い、こちらのやる気を削ごうとする。それもまた経験だった。

本番ではスピーチもその後の質疑応答もうまくいった気がしたが、結果は4位に終わった。

IT企業で働き始める

同時期に日本語能力3級の試験を受け、高得点だった。また、1996年4月にITの2年間のプログラムも修了し、ディプロマを取得した。日本語とITの成績が認められ、1996年3月に地元の小規模ソフトウェア企業からスカウトされた。まだ18歳で大学を卒業していないから迷った。日本語学科長のダムレ先生に相談したら「大学を卒業してからも仕事をするのだから、卒業する前に仕事ができるならいいんじゃない」と示唆された。

先生のその言葉を胸に、翌月から働き出した。IT校を卒業し、ちょうど昼間の時間が空いたので、平日の13時から17時までの4時間、パートタイムのかたちで働き始めた。最初の仕事はマニュアルの校正と翻訳。プリヤ先輩が技を教えてくれた。時間をかけて新しいことを学びながらマニュアル作成、ソフトウェアの検証というふうに内容が拡大していく。

ある日、わが家に父の友達アンバデ氏が泊まりに来た。アンバデ氏は書籍を何冊か出版し、さまざまな企業に対して経営コンサルティングを提供している大の勉強家。「きみの会社の隣の建物になんちゃら店があるよね」と聞かれ、「すみません、そこまで興味深く見てません」と答えた。このころの私はとにかく、大学から職場へ、職場から日本語学科へと、毎日朝から晩までタイトな日程を過ごしていた。そのことでアンバデ氏に叱られた。「何がなんでも観察力を育てなきゃ。モノをしっかり見なければ、モノについて考えることもできなくなるよ」

周りをよく見ることこそが、次のステップにつながると言われた。その日から、道を歩いていても自転車に乗っていても、私は周りのモノや人を観察するようになった。その習慣は今でも続いている。でも何かに一度没頭してしまったら、周辺の音すら聞こえなくなるのも私。

経済学部へ転部した

1996年6月、物理学と数学の勉強を続けていくべきか、かなり悩んでいた。三次元数学の練習をしていて、この数学が私や人びとの日常生活にどのように役立つのかと考え込んでしまった。実験室で費やす時間も長い。将来、別に研究者になりたいわけでもない。私たちの日常生活のなかでは、だいたい足し算と引き算を使うぐらいで、面積の計算はめったにやらない。理系学部をやめたいと思うようになった。

でも父にそんなことを相談する勇気はない。アンバデ夫人に相談したら、次に何をするのと聞かれ、答えがなかった。それで、進路コンサルタントを紹介され、3時間の筆記試験と面談を受けた。その結果、私の「向き」は数学だったが、社会的な志向も強くて、コンサルタントの先生からは「経済学」を専攻するよう勧められた。父にそんなことを告げる度胸がないとアンバデ夫人に告げたら、「それはあなたから言うべきだよ。万が一何かあったら助言するから」と言われた。それで勇気を振り絞って父に打ち明けたら、なんとすんなり通った。自信を持って言ってみるもんだなあと思った。でも中身なしではだめだということもわかった。

一般的に、人は言わないで黙っている、やらないでただ待っていることが多い。私は言ってみる、やってみるタイプだ。「言ったもん勝ち」という言葉をよく口にする。そうやって経済学部に転籍したのだった。

経済学部に編入すると、図書館から本を借りて独学を始めた。その結果、1996年の10月から、IT会社は朝9時から夕方5時過ぎまでのフルタイムで働くようになった。経済学部では授業を受けたことは一度もないが、先生にきちんと挨拶し、出席だけはつけてもらった。当時は70パーセントの出席がないと年末試験を受けられないのだ。また、大学の友達が手続きなどの期限を教えてくれたからいつも助かっていた。

日本語学科3年生で先生も兼任した

1996年12月、在インド日本大使館・総領事館によって成績優秀者奨学金試験が開催された。全国の一定以上のレベルの学習者が参加した。翌年の2月、在ムンバイ日本総領事館から連絡があり、私が全国1位で合格したとのこと。同年9月に日本へ短期留学に行けると言われた。日本に行くなんて一度も考えたことがなく、家族、クラスメート、友人、先輩や後輩、みんなで喜びを分かち合った。クラスメートみんなの成功だったかのように。

ただし、日本語学科長からこの日本行きを次の順番の人に譲るように言われた。「おまえは文部省（日本国）の1年留学の有力候補だから欲張るな」と。でも、ほかの先生の意見を聞くと「獲得したんだから行け」と言われた。学科長に聞いても文部省の奨学金については保証されないし、まずはこの短期留学を承諾することにした。

一方で、空軍訓練隊での土日の訓練も続いていた。EPG司令官を訪ね、優秀者奨学金のことを報告した。実はこのころ、パイロット訓練に行ける隊員の選抜を行っていて、私は最有力候補だった。選抜試験は日本に行く時期と被っていて、恐る恐るそのことを司令官に報告し、アドバイスを求めた。すると司令官は大きな秘密を明かしてくれた。司令官は空軍を辞職し、外国の民間航空会社に転職するという。そして私にこう言った。

「日本に行けるなら迷わず行け。違う方法で羽を伸ばせ」と励まされた。

同じころ、日本語学科の一人の先生が骨折し、学科長が私に代役を任せると言った。まだ卒業もしていないのにと反対する先生もいたが、学科長が「よぎなら大丈夫」と押し切った。こうして私は19歳でプネ大学の客員講師になったのだった。3年生でありながら、2年生の授業を担当した。年末試験間近で短い期間だったが、優秀な生徒に教えることができて、自分の能力も伸びていくのを感じた。

4月には日本語学科の卒業試験があり、5月末に成績発表。私は断トツで大学1位だった。6

月末からプネ大学日本語学科の教師として2年生を担当することになり、プネ市日本語教師連盟が開催する日本語能力試験準備教室3級の教師にもなった。教えるためには基本をしっかりしておかないといけない。あらゆる方面から言語を考えるようになった。言語の面白い世界の扉がさらに開いていった。

5月から日本語学科で文部省（日本国）からの奨学金による日本への1年留学の選抜が始まった。プネ大学から上位5人を学科長が推薦し、その5人が6月にニューデリーへ行き筆記試験と面接を受けて最後に一人だけが日本に行ける。私が短期留学を承諾したことで学科長のプライドが傷ついてしまい、私は推薦されなかった。ほかの先生やムンバイ総領事館からの示唆も完全に無視され、大学1位だった私が落とされた。東インドに出張中の父が学科長に電話し「息子がひたすら頑張ってきた」と泣きながら言ったみたい。それも寝耳に水のようだった。悔しくて悲しくて、学科長に対して怒りもあって、とにかく大変な時期だった。

日本に出発する日が近づいていた。日本総領事館を訪問し、ビザの手続きを行った。総領事館から準備の手当てをいただき、そのお金で旅行用のバッグやジャケットを購入した。ジャケットを買うなんて初めてだったから、店に入るのもハードルが高かった。

父方の叔父が1983年に日本に出張したことがあり、そのときの体験から「日本人はみんな紺色のスーツを着てるよ」と教えてくれた。叔父の言うとおり、私は紺色のジャケットとズボンを選んだ。

4

第4章

日本へ行って驚いた

1997年、よぎは生まれて海を渡り、初めて日本を訪れた。100カ国から集まった120人の留学生とともに日本各地を旅して驚いたり戸惑ったりしながら、日本と出会い、日本を少しずつ知っていく。

初めての来日

1997年9月、インドから日本へ飛び立った。インドから香港までの飛行機が遅れ、乗り継ぎの便に乗れなかった。香港市内で1日過ごすことになった。初めての海外への旅で、このようなアクシデントが起こってびくびくしていた。当時の香港は中国への返還で物々しい雰囲気。街は警察だらけだった。

キャセイ航空が5つ星ホテルに泊めてくれたが、初めての5つ星でとても緊張した。何より私は完全なベジタリアンだったから、ホテルの高そうでおいしそうなフルーツに目を奪われた。目玉は真っ赤なスイカで、これにはメロメロになった。

翌日、関西空港へ。上空から見ると海に小さな長方形の島が浮かんでいた。飛行機が着陸するとガラス張りの大きな建物に入り、入国手続きをした。

ムンバイ空港の建物は古く設備も悪かったから、ガラス張りの大きな建物と清潔感に驚いた。私は物理学も学習していたので、海に建てられた空港と建物に非常に興味がわいた。これが日本の最初の印象だった。

空港を出ると車で迎えが来ていた。当日のスケジュールを教えてもらって、車に乗った。長い橋を渡って、すぐ近くの田尻町にある関西国際センターへ向かう。空港から本島に渡る橋も、電車と車が走れる二重構造になっていてすごかった。目に入るすべてが新鮮だった。

国際センターというのは、日本の外務省が所管する独立行政法人国際交流基金《ジャパン・ファウンデーション》が運営する施設。

埼玉（日本語国際センター）と大阪（関西国際センター）の2カ所に設置されている。海外の日本語教師の育成や独自の研究を支援する施設だ。

国際センターに着いて諸手続きを済ませ、自分の部屋へ案内された。その直後に研修プログラムの説明会が行われた。１００近くの国から１２０人の参加者が来ていて、インドからは私一人。

その後の日本滞在は夢のようだった。折り紙、茶道など日本文化との触れあいから始まり、大阪、広島、厳島、奈良、京都、東京の順で新幹線やバスで旅をした。どこへ行っても清潔であることに本当に驚いた。寺院は美しかった。いただいた手当で使い捨てカメラを買い、ちょこちょこ写真も撮った。

広島、京都……心に残った日本

広島では原爆ドームや原爆資料館を見物した。ゆがんでがたがたになった鉄骨、燃やされた人々の画像、人が着ていた衣服の現物などを目の当たりにして衝撃を受けた。私は資料館を最後まで見ることができず、途中から退場した。目が涙でいっぱいになった。原爆に遭われた方々は身体的な被害だけではなく、その後の精神的苦痛も大変だったことだろう。原爆の恐ろしさを知って、重い気持ちで広島を後にした。

心に残った風景は、広い海を背景にした厳島神社の鳥居と京都の銀閣寺の砂紋だろうか。金閣寺の金色も平安時も朱色も美しかった。東京の増上寺の敷地から見た、空につながる東京タワーにもパワーをもらった。

日本全国を回るなかでいちばんすばらしかったのは、120人で移動しているのにも関わらず一度もスケジュールが遅れなかったこと。あらゆることが厳密に計算されていて、文句なしの完璧な企画と実行だった。

とにかくいろいろなことに驚いた。まず、日本や日本人の単一性。街やモノが標準化されているし、人々の服装や態度もそうだ。叔父に言われたとおり、日本人の男性はみんな紺色のスーツを着ていた。インドであれば州をまたげばまったく違う街、人、衣装や食べ物が待っている。人は一人ひとり違っている。

商品の包装も驚きだった。上品な紙袋。そのなかにラッピングされた箱。箱のなかにまた箱。きれいだった。でも資源の無駄遣いが気になった。不思議だった。ビニール袋の使いすぎについても同じように思った。この当時インドの人びとはビニール袋を知らず布の手提げ袋を使っていた。

日本では時間を無駄にしている人を見かけなかった。みんな何かをしている様子。インドは人口が多いせいか、どこにいても何もしていない人を見かける。ただ立っている、座っている人がいる。物乞いをする人がいる。ここではすべての人が清潔で豊かに見えた。

道路はきれいに塗装されていて、どこに行っても歩道や車線がきっちり描かれていた。車は整列して走り、みんな信号を守っていた。歩道のないところで道路を渡る人はいなかった。日本の交差点では交通整理をするお巡りさんもいない、というか不要。当時のインドはまだ車社会になっておらず、国道すら車線などがなかった。街では歩道という概念はなかった。そして、今のイ

ンドでは歩道がないところで、渋滞をすり抜けて道路を渡れる人は大技のように評価される。インドの交差点にお巡りさんが複数人いても整理できない、というかしようとしない。

あちこちに設置されている電話ボックスも魅力的だった。日本の風景などが印刷されたテレホンカードを帰りに何枚か集めて帰った。アルバムにして、今もインドの実家に保管してある。

インドの公衆電話はキオスクになっていて、人が管理している。無人だと壊されてしまうが、銀行ＡＴＭは今も無人ではない。当時だと市内の電話は１ルピー（約２円）したかなあ。公衆電話を運営し生計を立てる人が多くいた。

それから何より驚いたのは、日本の

どこに行ってもインドと同じ神様が存在したこと。仏陀の像はもちろん、ヒンドゥー法の神々もたくさんいた。多くの寺院に仏陀が祭られているのと、土足で入れるのも驚きだった。線香を焚くなどいろんな習慣がインドと同じだった。日本に来る前は日本語学科で日本文化に少しだけ触れていたが、日本の宗教や信教については知らなかった。知る機会もなかった。神社に行ったときは、仏像がないので、何を祀っているのか好奇心がわいた。

京都で目撃した「表と裏」にショック

京都ではホテルに2泊3日滞在した。そのホテルの斜め反対側に、八百屋を営む古い民家があった。その建物の表は店舗で、奥が古い併用住宅になっていたようだった。

1日目の観光の帰りにその八百屋に寄り、その日に食べるフルーツを2個買った。日本のフルーツにすっかり惚れ込んでいた。30代後半の優しい女性店員さんと、インドや京都のことをおしゃべりした。彼女は日本らしい伝統的なきれいな身だしなみをしていた。

京都は不思議な街だ。午後6時を過ぎると街から人影が消え、店もほとんど閉まる。外にいれば猛獣に食われちゃうのではないかと思うぐらい、暗くて静かになった。

私が生まれたアンバーナスも暗くなると町や村が一時停止した。アンバーナスは京都のような大きな街ではない。そのアンバーナスでも、夕飯を食べ終えると人は散歩に出かけていた。インドの一般的な風景だ。

2日目もフルーツを買いに、というか店員さんに会いに行ってたくさんおしゃべりした。この日もフルーツを買った。店員さんともっと仲良くなれた。

3日目に店に行くと、表に店員さんはいなかった。勇気を振り絞って店の奥のドアから家のなかをのぞいた。間取りはワンルームとキッチンがある1DKで、左奥のドアの裏にはおそらくお風呂とトイレがあり、家具らしい家具はなかった。インドのわが家と同じだ。古めかしいテレビがあり、キッチンにはわずかな食器のみ。素朴な暮らしのようだった。家に店員さんとその老父らしき人がいた。店員さんは老父の面倒を見ながら店をやっているらしい。

これまで表から見ていた店員さんと店の様子は、奥にある住宅の様子とは全然違った。私は衝撃を受けて考え込んでしまった。自分の貧乏な暮らしぶりをなぜ隠すのか？　インドなら破れた服しかなければ、それで普通に生活して貧乏を隠さない。というか、インド人は服を見たら金持ちか貧乏かがすぐわかる。でも日本人の場合はわからない。

その後、日本を旅していても物乞いを見なかった。どの人もエレガントで落ち着いた雰囲気の服を着ていて、裕福でなくとも貧乏ではないように見えた。でも八百屋さんの様子を見て、日本の人びとの暮らしについて疑問を持った。のちに日本で暮らすようになり、日本人の「表と裏」についてもっと知るようになったけれど、このときはまだ何も知らなかった。

日本の家電との出会い

パナソニック（松下電器）の本社も見物した。会社の歴史、志、主要製品の説明を受けて、なんてすばらしい会社だろうかと思った。工場を見学させてもらい、初めて「5S（整理・整頓・

清掃・清潔・しつけ)」について学んだ。モノ作りの精神に感銘を受けた。私はすっかりファンになり、インド帰国時にパナソニックの音楽デッキを買って帰った。今でもプネの実家で使っている。

インド人は大の音楽好きだ。このデッキで音楽を流すと、周りの家から「もっと音を上げて!」と注文が飛んでくる。「うるさい」などと文句を言う人はいない。大音量で、みんなで音楽を楽しむ(笑)。

日本から帰国した後も、インドでパナソニック製の携帯電話を購入した。アメリカ製や当時流行っていたノキアと比べると、スリムで軽い。ボタンの押しやすさも気持ちよかった。

日本を旅する間、さまざまな外国の音楽にも接した。インドにいるときはマイケル・ジャクソンもビートルズも知らなかった。インドは古典音楽や、あれだけの映画が制作されることからコンテンポラリー音楽が豊富。わが家では外国の音楽を聴く機会はなかった。

東京の街で中古のCD屋さんを見つけてはいろいろなCDを買った。インドに帰国してから、マイケルの「ブラック・オア・ホワイト」をフル音量で流すと、ガラスの割れる効果音に驚き、家の外を歩いている人が立ち止まってしまうというイタズラを繰り返していた(笑)。

初めての卵とパキスタンの若者

大阪に着いた翌朝、朝食の会場に行くと、自分に似た肌の色の人がいた。声をかけたらパキスタン人だった。彼の皿に黄色い食べ物が載っていて、何かと聞くと「スクランブルエッグ」と言った。「おいしいから食べてみないか」って。躊躇しながら食べてみた。人生初の卵だった（祖父母の家にニワトリがいたが、私はその卵を食べたことがなかった）。

その後、彼にパキスタンのことを聞いたり、パキスタン国民のインドやインド人に対する気持ちを聞いたりした。すると、なんと一般の人びとは、互いの国を少しも政敵として見ていないことがわかった。その後、私が博士過程でフランスに行ったときもパキスタン人と知り合い、その彼はこう言った。「インド人が悪い、パキスタン人が悪いというのではない。政治が利用しているんだ」。自分の国から出たときに初めて、自分の国について客観的に知ることができるのだと思った。

私がスクランブルエッグを知らなかったのは、インド人の30～40パーセントは完全なベジタリアンだからだ。私もそうだった。残りの60～70パーセントは卵または魚や肉を食べるが、頻度は週に1回程度。つまりノンベジタリアンも基本的には菜食主義なのである。私の小さいころは、完全なベジタリアンがもっと多かった。わが家でも肉の代わりにソヤミートが使われることがあった。１９９０年代半ばの経済自由化からインド人の食生活も大きく変わり始めた。

わが家はヒンドゥー法を信教するブラフマン（お坊さん）だが、いつも出張であちこちを回る父は何にでも挑戦するようになり、肉も食べていた。でもそれを家族に勧めることはなかった。こんなことを日本人と話すと、「じゃ、インド人はどこからタンパク質を採取するの」と聞かれる。そういうときは、ヨーガやアーユルヴェーダの先生がライオンと馬を比較する話をしてくれたことを思い出す。ノンベジタリアンなライオンは強いが、ベジタリアンである馬のように長距離は走れない。インド人のタンパク質源は豆、ナッツ類、ミルク、植物である。

インドの古式医学アーユルヴェーダでも、ヒンドゥー法の古書（聖典）でも、肉を食べてはいけないとは言っていない。肉を日常的に食べない理由を挙げている。

肉を食べたとき、完全に消化されてエネルギーとして体内に蓄積されるまでにかかる時間は30〜70時間。野菜の3〜20時間と比べて非常に長い。その分、体への負担が大きい。肉はどんどん腐っていくため、白血球が頑張らないといけない。近年は食意識が高まり、ベジタリアンに戻るインド人も増えているようだ。西洋人からも同様な話を聞く。

また、アーユルヴェーダでは1日3食、夜食は午後7時までに済ませ、午後10時から胃酸が出始める前に就寝することを進めている。私が小さいころは、これに近い生活を自然にしていたのだが、日本に来てから気づいたのは、日本人の子どももこれに似た生活をして健やかに育っていることだ。日本人の生活にこのようなコツがたくさん隠れているからこそ、長生きにつながっているのではないかと思う。インド人の多くは、さまざまな理由でそのような生活様式を失いつつある。

成長が止まり、身体的活動が少なくなった大人の場合は、アーユルヴェーダでは1日8時間以内に2食、16時間は何も食べずに過ごすことを推薦している。朝の10時過ぎと、夜の6時ごろがいちばんよさそうで、お腹が空いていないときはスキップしてもいい。フルーツ、野菜や豆類の摂取に重みをおく。お腹を長く休ませることで、体内をうまく整理できるという。

わが家では毎月4日（陰暦）に断食をしていた。そこにはいくつかの意味があると言われていた。丸1日何も食べずに腹を休ませ、体内の糖質をカットすることで病原菌を減らすことなど。1日何も食べないこともあれば、タピオカ料理を食べることもあった。タピオカは腹内で砕かれることなく、腸内環境をきれいにすると言われていた。そのような伝統や文化について、教えてくれるのは母だった。

初めてのホームステイ

研修の一貫で、大阪府浜寺公園の近くに住んでいた笠原家にホームステイもした。祖父母と両親と3人の子どもたちがいる家族で、みんなが私のことを快く受け入れてくれた。

お母さんは車の運転が上手で、スピードを落とさず一発でバック駐車を決める。かっこいいと思った。お父さんは警察官だった。お母さんは地域活動にも活発に取り組み、ガールスカウトの指導も行っていた。料理もおいしかった。子どもたちはとてもかわいく、いちばん小さい女の子がとくに私に懐いてきた。笠原家にまた会いたいなといつも思う。

エロ本をインドに持ち帰る

センターから徒歩10分ぐらいのところに古本屋があった。この古本屋を何度も尋ね、たくさんの本を買った。びくびくしながらエロ本も2冊買った。インドではエロ本なんか簡単に手に入るものではないし、東洋人の本はまずあり得ないだろうな。インドでの素朴な生活でエロ本なんか求めることもなかった。

インドでは、寺院の彫刻は性に満ちているのに、日常では性の話をするのはタブー。寺院の彫刻については少子化時代の対策としてそうなったという説もある。1980年代までは、インドの映画やテレビ番組でキスシーンはあり得なかった。そのようなシーンでは、揺れる花や葉っぱ、または木の後ろに隠れるのが普通だった。なのに日本のコンビニや古本屋ではあからさまにエロ本が売られていて、青年たちは大丈夫かなあと心配になった。

帰国の日。私は音楽デッキや古本やお土産やチョコをたくさん買ってしまったから、たいへんな荷物になった。空港のチェックインカウンターで追加料金を求められたが、そんなお金はない。国費留学生として来て本をたくさん買ってしまったと説明すると、「国費留学生か。よしよし」と追加料金なしで通してくれた。

ムンバイ空港に到着すると、音楽デッキが税関の目に入った。事情を説明して、交渉の末に5000ルピー（約1000円）取られ（賄賂だったと思う）、空港の外で待つ家族に会えた。本当は、エロ本が見つかったら捕まるのではないかとハラハラしていた。

プネに戻ると、日本語学科でもエス・ピー・カレッジでも会社や自宅周辺でも、100均で買った箸や扇子、チョコを渡したらみんなが喜んでくれた。エス・ピー・カレッジの一部の友人は、特別なお土産を手にして舞い上がっていた。エロ本はみんなの間で回覧され、私のところに戻ってくることはなかった。大学を歩いていると、知らない人からも「おーい、見たぞ！」と意味深な笑顔で声をかけられるのだった。

留学の機会を失うも再び来日が決定

1998年2月、在ムンバイ日本総領事館で専修大学の入学試験が行われた。私も電子工学部への入学を希望して試験を受けた。数学、英語と日本語の試験だ。

4月に総領事館から「おめでとう」と電話をいただいた。これから3年間、東京の専修大学の電子工学部で学べることが決まり、わが家はたいへんな喜びに満ちた。

でもその喜びは一瞬で泡となって消えた。4日後にまた総領事館から連絡があり、違う人が割り込み入学をすることになり、私が留学できなくなったという。自分にできることは何もなく、がっかりのどん底だった。

この直後、大学のウィナカク先輩と電車に乗っていたとき、私は浮かない顔をしていたらしい。先輩に聞かれたのでこのことを伝えたら、「占ってやる」と言われた。

国立高校卒のこの先輩は、プネ大学で数学の修士号を取得していた。とても真面目でまっすぐな性格で、星占いが得意だった。先輩は占いチャートを書き、「おまえさ、少しだけ待ってろ。日本に行けるから。というか、日本に行ったらインドに戻れなくなるよ」と言った。

6月、日本語学科があまりにも人気になり、進学条件が急に厳しくなった。以前は50パーセント以上の成績で進級できたのに、70パーセント以下は留年という条件に変更された。突然の発表に多くの生徒が動揺した。

プネでは言語を専門としてではなく、趣味や興味として学ぶ真面目な学生が多く、そのような学生にとって留年はあり得ないことだった。私もその突然の発表には反対だった。

そこで私は先頭に立ち、賛同者に声をかけ、キャンパスで平和な抗議デモをすることにした。当日の朝、思った以上の人数が集まり、大きなデモになった。なかにはガラス窓を割り不満を露わにするような子もいたが、警察沙汰にならず、学院長が進学条件を元に戻した。

プネに、テンドゥルカル・みちこ先生という日本人女性がいる。1965年からデリーで上級ヒンディー語を学び、1981年にプネに移住。9年間プネ大学で日本語教育に従事し、その後フリーランスになっていた。プネ市の日本語教育の基盤を作った人だ。私はとあるきっかけで、プネ大学外国語学部近くにある、みちこ先生のお宅に出入りするようになった。先生の家には図書室もあっていろいろな本が揃っていたのだ。

1999年4月、みちこ先生が在ムンバイ日本総領事館に対し、私の日本への留学を推薦してくれた。その話が実現し、同年9月から1年間日本へ留学することが決まった。

5

第5章

日本での留学生活と多様になっていく自分

2度目の留学生活を通じ、日本や日本語について多くを学びながら、各国から来た仲間と交流して国際的な視野を広げていくよぎ。そしてこのとき、人生を変える運命の出会いが待っていたのだった。

国際センターで一目惚れ

１９９９年9月、二度目の来日となった。初めてではないのでそこまでハラハラしなかったが、不安はあった。

留学先は埼玉県の日本語国際センターだ。成田空港からリムジンバスに乗って、正午ぐらいの時間帯にセンターに着いた。立派な建物の左半分が宿舎、右半分が教室棟。５階建ての宿舎の１階にある１０５号室に案内された。

センターはガラガラだった。飛行機の都合で、私はほかの留学生より一日早く到着したそうだ。部屋は狭いワンルームで、ベッド、学習デスク、小さな冷蔵庫とテレビとユニットバスがついていた。部屋に入って、荷物を置いて、厚くて柔らかそうなベッドの上で数回跳ねてみた（笑）。シャワーを浴びて食堂へ行く。食堂に入ると、50人ぐらいは座れそうな広いホールの真ん中に、白い服の女性が一人で座っていた。後ろの窓から光が差していて、天使のように見えた。「わあ」と思った。なんてきれいな人だろう。私は一目惚れしていた。

食堂は肉を使ったメニューばかりだったが、わざわざ私のためにベジタリアンカレーが用意された。そのカレーをいただいて、白い服の女性の向かい側に座った。

私から自己紹介をすると、丸顔の彼女はニコッと笑った。中国の長春市から来た留学生で、中国の東北にある吉林大学で日本語の教師をやっているという。彼女はみんなから、てっちゃんという愛称で呼ばれた。

多様性あふれる国際センター

翌日、センターが各国からの留学生で賑わってきた。欧米、アフリカ、ロシア、アジア各国からだ。センターでは日本語や教授法の指導を受けたり、自由研究をしたりする。僕らは一年間の留学予定だったが、中国から来たてっちゃんたちは2カ月間の短期留学だった。

研修生の年齢層はばらばらで、私がいちばん若かった。みんなの日本語能力も初級から上級まで幅広いレベルの人がいて、レベルによってクラス分けされた。

私が入った上級クラスの担任の内藤先生は面白い男性だった。もともと物理学が専攻で、きっかけがあって教育分野に転職したという。いつも笑っていて、くだらないジョークも多かった。

それ以外にもたくさんの先生や職員の方々がいた。受付の関根さんや食堂の荒井シェフとも仲良くなれた。荒井シェフからはインドのベジタリアン料理の作り方を相談された。センターへの留学生のうち、インド人もベジタリアンも少なかったからだろう。

留学生は27カ国から48人。韓国、タイ、インドネシアとロシアからは5人ずつ、インドなどその他の国からは一人ずつ。当時は日印関係がまだ確立していなかったため、インドからの留学生は少なかった。

数日かけて、みんなと仲良くなった。なかでもベトナムから来たフィー君とメキシコから来たリカルド君とは、兄弟のような間柄になっていく。私たち3人は近くにある埼玉大学の太鼓部の練習にも参加するようになった。ドン、コドン、コドドコ、ドンドン、これが最初に覚えたリズム。

9月下旬、てっちゃんが突然私を探しにきた。パソコンのトラブルがあって、「よぎさんに聞くのがいいよ」と誰かに言われたみたい。なんとうれしいことか。すぐ解決してあげた。

そのときからてっちゃんと話せるようになった。頬にえくぼのあるかわいい人。スカートが短めだったけれど、服のセンスは抜群だった。それからは、チャンスを見つけては彼女に話しかけた。

10月末、てっちゃんの留学期間が終わり、帰国の日になった。当日11時30分のリムジンで出発すると聞いて、花束とプレゼントを渡そうと用意した。でも私は授業があった。そのことをクラスメートも知っていた。そこで11時になると休憩をもらい、自分の部屋へ走り、花束とプレゼントを持って、その足でてっちゃんの部屋へ走った。花束を渡して、「付き合ってください」と言った。

「よぎさんのことが好きですけど、かわいい弟みたいです」

これが彼女からの返事。あー、振られてしまった。クラスメートも悲しんだ。

てっちゃんの連絡先をもらって、これからも連絡すると約束をした。

てっちゃんからは手紙と数枚の写真をもらい、それを北海道にいる彼女の先生に送ってほしいと頼まれた。でも私は、そのなかから1枚を勝手にもらってしまった。彼女が中国の大学の前で撮った写真。白いシャツの上に赤いカーディガンを羽織った姿がとてもかわいかった。それから数カ月間、てっちゃんと文通していた。

サバイバルのために人生初チキンと日本酒

12月、埼玉大学の太鼓部から秩父夜祭へ誘われた。私とフィーとリカルドも太鼓部の車に乗って同行。秩父夜祭は人や屋台で賑わっていた。

暗くなると提灯がたくさん灯され、幻想的な雰囲気になった。7台の山車を街中に走らせて、最後は急坂の上まで引っ張って終了だ。僕らもそこに飛び込んで山車を引っ張った。大声で叫んだ。力を尽くした。気づいたら夜中1時を過ぎていた。そして腹がペコペコになっていた。

私たち3人は屋台が並ぶ方へ歩いたが、すべての店が閉まっていた。腹が減りすぎて、その上、寒さに耐えられなくて死にそう。みんな薄着で冷えきって手足が震えていた。こんな寒さは初めてだった。

さらに奥まで歩いていくと、焼き鳥の屋台が営業していた。日本酒の瓶もあった。フィーとリカルドはどっちも平気だったが、私は肉を食べないし酒も飲んだことがない。彼らに説得された。「おまえ死ぬぞ。ほかにどの店もやっていないし」。結果、サバイバルのために折れた。これが私の人生初の肉と酒だった。

腹が減りすぎていた3人は、ライオンのように焼き鳥を食べた。そして日本酒を飲んだら、ほろ酔いになってきた。私たちは埼玉大のメンバーからははぐれてしまい、センターへ帰るすべがなくなった。風の当たらない隅で、ペンギンのように固まって夜を過ごした。

翌朝、「おまえ肉を食ったんだぞ、酒も飲んだぞ」と二人にからかわれながら、電車でセンターに帰った。でも、肉を食べたことも酒を飲んだことも、センターのみんなには内緒。

家族のようになった同級生

年末年始は、フィーとリカルドとバングラデシュのイスラムと一緒に、鹿児島県の指宿へ遊びに行った。翌年の2月には、同じメンバーで札幌雪祭りを見に行った。景色も楽しんだし、旅館の部屋で枕投げもした。

帰ってきてからエッセイを書き、発表した。指宿の砂風呂も札幌の雪も私にとっては衝撃だった。西インドには雪もなければ砂風呂もない。旅の資金は奨学金の一環で出た。日本を自分の目で見てきなさい、という意味合いもあったのだと思う。

旅行中に温泉にも入った。真っ裸になって同じ風呂に入るなんて超恥ずかしい。とくにイスラムは「ノー」の一点張りだった。結局入ると、大風呂で足を伸ばしてゆっくりして癒された。砂風呂もそうだった。幸せな気分だった。「裸の付き合い」という言葉を覚えた。私たちは互いに秘密はない。なんでも話し合う仲間になった。

インドにも温泉がある。ほとんどが寺院に隣接していて、身を清めてからお参りする。私の生まれ故郷のアンバーナスの近くにもあった。ワジュレシュワリという寺院で、寺院の前に7つの露天風呂が一直線に並んでいた。ある程度の服を着たまま一つずつ入浴し、最後はそのまま寺に入り、女神にお祈りをささげる。7つの風呂は少しずつ温度が上がっていき、最後のは50度近くもあった。連れて行ってくれた祖父は入っていたけれど、私は熱くてギブアップした。

この地域には言い伝えがある。ワジュレシュワリの女神が鬼を殺し、その鬼の血で温泉水が熱くなったというもの。各地域にある神話は興味深い。

インドの温泉では、裸になって入らない。女性は布を巻いたままで、男性は上半身だけ脱ぐかも。おそらく、インド人の場合は裸の付き合いがいらないからだと思う。インド人は普段から何でもしゃべり合うタイプだから。

留学の一貫として、日本の高校を訪問した。民族衣装を来て、高校生に自分の国のことを紹介したり、みなさんと自由に会話をしたりした。

授業参観もした。そのときにびっくりしたのは、後ろの席で寝ている子や授業に興味がなくて参加しない子、先生をからかっている子がいたことだ。髪の毛を染めている子もいて、私はショックを受けた。インドの学校ではどれもとうてい許されないことだ。なぜこの子たちがこのようなことをするのだろうと、深く考え込んでしまった。

日本語の文法や漢字について考える

2000年2月になると、言語学者の金田一秀穂先生が週1回センターに来てくださるようになった。毎週木曜の午後の3～4時間ぐらい教えてくれる。短文をみんなで読み解いていくような手法だった。私の漢字能力は低かったが、読解力は強かった。いいチャンスだったので、先生に存分に質問した。最後の評価で、先生がこんな言葉を贈ってくださった。「ときに外れた質問

もありましたが、クラスを朗らかにさせる貴重な存在でした。素直に勉強をしたらいいと思います」（笑）

このとき漢字についても考えることができた。日本の「漢字」はインドの「マントラ＝お経」のようだと思えた。どちらにしても、脳の各所に点在する記憶を結び、毎日のように点と点をつなげ記憶をよみがえらせる。そのようにして脳の細胞を活性化しているのではないか、と。

父からの手紙と国際弁論大会への出場

２０００年６月、外国人による国際弁論大会が開催された。私もスピーチを書いた。留学生としてセンターに来てから、父からもらった手紙についてだった。来日してから父は５回手紙をくれた。最初の手紙の内容は次のようだった。

「よぎ、日本人から学ぶべきことはたくさんある。日本がここまで発展したのは日本人の努力と規律のおかげだ。日本人の優しさ、礼儀正しさなどを身につけるよう頑張りなさい。日本の食べ物や料理はインド人の口に合わないそうだが、食べ物は神様の恵みだと思って、おいしく食べなさい」

３回目にもらった手紙にはこう書いてあった。

「よぎ、あなたが日本に行ってからもう４カ月ぐらいが経った。国際センターにはいろいろな国の人が来ているよね。みんなと仲良くしなさい。せっかくだからさまざまな国の言葉を少しでも習いなさい。マナーを守りながら、何でも笑顔でやる日本人の長所を身につけるよう頑張りなさい。センターの友達は5カ月後にそれぞれの国へ帰ってしまって、また会えるかどうかわからないのだから、一緒にいる間は家族のようにお付き合いをして、みんなと助け合いながら楽しく過ごしなさい」

この手紙の内容を留学仲間のリタさんに読んで聞かせたら、彼女は涙を流しながらこう言った。

「よぎさんのお父さんは本当に偉い人よ。そんなことまで考えていらっしゃるなんて信じられない」

彼女のそんな感想を聞いて、私も父に心から感謝した。父の言うとおり、留学中はみんなと仲良くした。

実はセンターに来てから、研究手法を学ぶために「日本の親子が一緒に過ごす時間」というテーマで研究をし、小論文を書いていた。そこからわかったことは、日本のお父さんたちが子どもたちと過ごす時間や一緒に遊ぶ時間が非常に短いということ。私の父はいつも必要なときに一緒にいてくれて、私を守ってくれていた。一緒にスポーツをやったり、映画を観たりしてくれた。これはたぶんインドの普通の風景だと思う。

そこでスピーチを通じて、日本のお父さんたちに呼びかけた。お子さんに愛情をぜひ表現してみせてください、と。

国際弁論大会には全世界から120人の応募者がいたが、私は決勝戦に進出した。センターの先生も熱心に指導してくれた。センターの留学生全員の前でもスピーチを披露した。

センターの北村先生に引率され、国際弁論大会の会場である長崎へ飛んだ。本番では優勝はできなかったけれど、貴重な体験となった。大会後のパーティーで高円宮（憲仁親王）様が自ら握手してくださって、「あなたの日本語はいちばん聞きやすくて、家庭的なテーマでとてもよかったです。頑張ってね」と褒めてくださった。高円宮様はとても親切で、印象に残る優しいご表情だった。

留学生活の終わり

留学課程が終盤になってきた。長い留学が終わって家族のもとに帰れるという喜びと、センターの友達やお世話になった先生や職員、近所で知り合った住民のみなさんとの別れが辛くなっていた。センターの隣の遊具で新井さんの娘さん二人と遊び、ホームステイで森家と知り合い、彼らとは今も付き合いがある。

最後の日。カンボジアから来たレスミちゃんやミャンマーから来たミョウちゃんが私との別れを誰よりも悲しんだと思う。留学生活が始まったとき、質素な家庭環境から来た、文化的背景も同じだった私たちがなんとなく近しい関係にいた。

レスミちゃんはものすごく素朴な女の子で、スカートやヒール靴を持ったことがなく、コンプレックスを感じているようだった。「気にする必要はないよ」と言っても、意地を張ってしまう。それで彼女と一緒にスカートと靴を買いに行き、ミョウちゃんと私が両側から支えながらヒールで歩く練習をしたのだ。何日も。

私にとってはロシア人のオーリャさんとの別れも悲しかった。２０００年4月に彼女から「付き合いたい」と言われ、仲良くなっていたのだ。そのオーリャさんからワインの飲み方やシャツの選び方など教わり、少し大人になった気がした。私には白いワイシャツがいちばん似合うと言ってくれたから、その後は意識的に白いシャツを着るようになった。

オーリャさんとはいろんな話をした。ロシア語も少し教えてもらった。ロシアの生活や社会的情勢についても話を聞くことができて、考え方の違いなどもわかった。

たとえばインドでは結婚しても親との同居が普通だが、オーリャさんは「それはあり得ないことだ」と言った。子どもが自立したら、親も自由な中年時代を過ごすべきだ、と。親が年をとって子どもに頼る必要があるときに支えればいい、と。最初は議論になったが、彼女の言うことにも一理あると思うようになった。世の中にはいろいろな考え方や生き方がある。そのことがこの留学でわかった。

センターの前にリムジンバスが到着すると、留学生たちはみんな大泣きした。もちろん、私も。それにつられて、先生や職員のみなさんも。1年間、みんなでいつも一緒に過ごしたのだから、愛情と絆が生まれて当然だ。長い留学生活のなかで、それぞれ家族から離れて、頼り合える仲間になったのだ。

コラム
COLUMN

日本語とマラーティー語の比較

日本語は私の母語マラーティー語に似ているようで、でも違う。マラーティー語には15の母音と37の子音があり、子音に母音を足して555種類の音になる。インドの言葉のなかで音の種類がもっとも多い方で、日本語と比べればかなり多い。

日本語とマラーティー語の文書構成、つまり語順と助詞の使い方は似ている。だからマラーティー語を母語とする人が日本語を習得するとき、脳内の処理速度が速いのかもしれない。

マラーティー語はサンスクリット語から生まれたとされる。サンスクリット語と同様、非常に科学的な言語とも言われる。子音と母音の並び順が腹、胸、喉、口腔、舌から鼻までを総合的に使うような順番になっている。そのため筋肉が総合的に発達し、マラーティー語を母語とする人は日本語の発音がいい方だ。日本語だけでなく、世界中の言葉がきれいに発音できる。

日本語とマラーティー語にはたくさんの共通点がある。ことわざもその一つ。たとえば「壁に耳あり」はマラーティー語で「ビンティ・ラ・スッダ・カーン・アスタートゥ」と言い、日本語のことわざとまったく同じ意味だ。

意味は直接関係ないが、マラーティー語では「アイ」は母の意味であり、母は「愛」の象徴であるため、マラーティー語の話者は日本語に親近感を感じる。また、マラーティー語では妻が夫を「アホ」と呼ぶことから、日本語で「あほ」と聞くと笑ってしまう。

6

第6章

在インド日系企業での勤務経験から多くを学ぶ

留学生活を終えて帰国したよぎは、インドの日系企業で働くことに。海外での事業立ち上げや異国の人が一緒に働くことでぶつかるさまざまな課題を経験した。そして日本に派遣され、彼女と再会する。

在インド日系企業への入社

日本へ留学する前に働いていたインドのIT会社マヒンドラBTには、帰国したら復帰すると約束していた。留学中にも会社からボーナスをもらっていた。

でも留学生活が終わる直前、知人の山田さんから連絡が来た。彼はケーヒンというホンダ系最大手の総合システムメーカーで働いていたが、彼の会社がプネに新しく工場を建てることになったという。プネは私のふるさとだ。

その工場の社長に就任する伊藤さんは、初めての海外赴任で英語もできない。それで「伊藤さんの専任アシスタントとして、彼をサポートしてほしいんです。よぎさんは信用できる人だから」と頼まれたのだ。

「IT会社に戻る約束があるので、申し訳ありませんがお受けできません」とお断りしたが、山田さんはそれで折れるタイプではなかった。それに私と山田さんの関係も特別だった。以前プネで彼の通訳をやったことがあり、そのときは彼にいろいろとお世話になっていた。

2000年7月、インドに帰国して伊藤さんに会いに行った。そしてすぐに専任アシスタントとして働くようになり、IT会社を辞めた。

プネの工場はまだ建てている途中だった。建物の建設、鋳造機、加工機などの導入から、私は伊藤社長と一緒にあらゆる現場に立ち会った。

朝礼でも彼の通訳をした。私は工場の仕事に関わるのは初めてで、日本語どころか英語の語彙もわからない。でも一、二度聞けば覚えた。言葉の意味も勉強した。わからないことがあったら遠慮なく意味を聞いた。

インドでの起業は困難、ハードルが多くて高い

工場の立ち上げ時期は、さまざまなことがうまくいかなくて大変だった。行政の手続きはスムーズに進まないし、政治家や官僚が賄賂を求めて干渉してくることも多い。電気をつなげるにしても、水道を引くにしても、賄賂を払わなければ、あらゆる理由をつけて工事を長引かせてくるのだ。

インドは州や地域によって税制が違う。特別経済区や新しく作られる工業団地だと税金は安いかもしれないが、自社までの道路工事、電話やネット工事などを進めてもらうのが一苦労になる。試作品を作って当局から承認を取得することや、輸入部品の通関手続きにも時間がかかってしまう。すべては自分の交渉力次第だ。

こういうときは、現地にいいパートナーやコンサルタントがいることが助けになる。ただしパートナーやコンサルタントを選ぶのも簡単ではない。州政府や中央政府とのコネクションを見つけ出さないといけないからだ。ケーヒンの現地パートナーだったＦＩＥという企業は、現地では有名な会社で、州政府などとコネクションがあった。

ケーヒンはエンジンの心臓と言われるような精密部品《システム》を作っていた。その制作に必要な、優秀

なスタッフや労働者の採用も難しかった。また現地の協力会社に頼んで、金属、樹脂、ゴムなどの部品を作ってもらう必要もあった。しかしケーヒンの品質基準を満たすことができるインド企業はそれほど多くない。たとえば試作品を作ることができても、同じ品質を持続して大量生産ができるかどうかは別の話。現地の協力会社の教育が大いに必要だった。

インド人は時間を守らない、かつての日本は?

ところでインド人は時間と約束を守らない。だからビジネスで複数の業者がからむと、それぞれの遅延が大きな遅延につながる。そもそもインド人の時間や約束に対する感覚が、日本人とは全然違う。5分の遅れなんかはまったく気にせず気楽に生きている。インド人にとっては「1分待って」と「5分待って」の意味は同じで、それで30分待たされたとしても怒らないし疑問にも思わない。

でも日本も、大正期くらいまではそうだったらしい。当時の欧米の先進国から「日本人は時間の感覚に乏しい」と見られていたことで、日本人が時間に関心を持つようになった、と聞いたことがある。規律正しく効率的な生活を習慣化する啓発の意味から、「時の記念日」が制定されたとか。衣食住をはじめ社会生活の近代化推進という流れのなかで、時間厳守、時間割による行動規律、時間を節約することによる効率性の向上が、近代生活の基本として位置づけられていった。

インド人が時間にルーズなのは、社会インフラにも問題があった。道路状況が悪く、車が整列して走らない。一度渋滞すると長い時間解消しない。

停電の問題もあった。週1日の計画停電以外にも頻繁に停電が発生する。雨がザーザー降ることが多く、そのたびに停電する。

ケーヒンの工場は、だいぶ街はずれのところに新たに造られた工業団地に建てられ、多くの不便があった。社長のイライラ感が日に日に募っていくのが目に見えてわかる。スタッフのミスや社内トラブルについてわざわざ社長に告げ口する日本人駐在員もいた。

日本人駐在員のいろいろなこと

日本人は働きバチだというイメージが私にはあったが、わが社の駐在員はちょっと違った。あまり仕事も指導もしないけれど、インド人部下が間違ったときは前のめりになってガンガン怒る。

そして、もともと1週間かかる作業を4日間で完成するよう指示をして、インド人部下がそれをできないと、「君たちは約束を守らないね？　インド人は約束という言葉を知らないね」と嫌味を言う。残業しない人は仕事をしていないと思われ、休日の出社を要求される。3～4カ月休みがないインド人部下もけっこういた。

日本人駐在員のコミュニケーション方法にも問題があった。ときには簡単な話さえ、「わからない」という顔をする。ハッキリと話さず、何だかわかりにくい曖昧な言い方をする。おそらく彼らは自分の責任を追求されるのを恐れていた。インド人側がもっと詳しい説明を求めると、「日本に連絡して確認する」と言う。しかし部下のインド人が「業者に確認する」とか「部下に確認する」などと答えたら「おまえ、何を調べたのか。何もわからないんじゃないか？　もっとしっかりしろよ」と怒鳴るのだ。

日本人駐在員の女癖の悪さも従業員たちの目に余るほどだった。女子職員の体を触ったり、「君はおれの女だよ」などと言ったりする。会社のパーティーのときに飲みすぎてどんちゃん騒ぎを起こし、パーティーの雰囲気をすっかり壊してしまう。こんなことをしていた駐在員は、日本人のイメージを台無しにしていた。

互いの文化、風習の理解が大事

その経験を通して私が学んだのは、日系企業がインドでの成功をめざすなら、まずはインドの文化、伝統、習慣、そしてインド人の心理や社会が認めることと認めないことを十分に理解した上で、ビジネスを考えるのが賢明だということだ。

そのためにも駐在員に対する文化と言語教育が必要だ。そうすることによってインド人の従業員が会社に対して信頼感や愛情を持つようになり、一人ひとりが団結して、会社に貢献する一心で頑張れるようになると思った。

一方インド人にしても、しっかりしていない部分や日本人の要求に応えられない部分は多かった。日本人の適切な指導のもとで新しいことを学んでこそ、インド人の能力が存分に活かされる。日本・インド間だけではなく、世界中のどの国と貿易関係を結ぶにしても同じことが言える。

朝礼の場も、だんだんと怒鳴りつける場に変わっていった。工場の管理職や職員、労働者も、それまで日系企業での勤務経験がなく、日本人の考え方や期待をわかっていなかった。朝礼で社

長が怒鳴るのだが、私がそれを通訳するときは優しい声で話し、秩序を守ろうとした。すると社長から指摘が。

「おれと同じ口調で通訳してほしい。おれが怒鳴ったら、よぎ君にも怒鳴ってほしい。そうしなければおれの気持ちが伝わらないんだ」

でも私はそうしなかった。従業員の誰もが社長におびえるようになり、実態を伝える勇気を失っていくなか、私が彼らの間に入ることが増えていった。社長とインド人社員とのブリッジになっていた。

でも実際は、インド人たちもみんな頑張っていた。日系マネジメントの期待に応えるため努力していた。次第に社長もそのことに気づき始め、みんなにさまざまな知恵を提供するようになった。

伊藤社長は常にすべてのことを紙に書いて、絵にして、みんなに説明した。私は真逆で、社長に言われたことを記憶し、口頭で関係者に伝えていた。そのことで社長に言われたことが、私の人生を大きく変える教訓となる。

「よぎ君、人間の脳というのは想像豊かなんだ。できっこないことができるように思えるのだ。だから考えていることを紙に書いてみることが大事だよ。紙に書くと、できることとできないことが見えてくる」

そう言ってくれたのだ。私は今でもずっと、社長から学んだ教えを実践し、考えることを絵や文字にするようにしている。

わが工場では、自動車で使う精密部品を生産していた。最初の試作品の段階で、社長や工場長と生産ラインを回る。すると社長が驚いた。工場ではパレット（物置台）が用意されておらず、作ったものをトレイに入れてそのまま床に置いていた。社長はさっそくマネージャーを呼んでパレットを試作させ、工場に導入した。工場の雰囲気が変わった。工場の見やすい場所に「5S」の看板が立てられた。

労働者のストライキと私の出番

工場の運転が始まって数カ月後、突然400人の従業員がストライキを起こした。彼らは賃金の底上げと労働条件の改善を求めていた。でも、人事部長や担当駐在役員から社長への報告はなかった。現地の過激派政治家もからんでしまい、きつい状況になってきた。

それに対し、インド人の人事部長と日本人の担当駐在役員の考えは一つ。彼らの要求に簡単には折れないとのことだった。ここで一歩引くと、労働者側の要求がさらに増えていくという。

3日経ってもストライキが解消しない。どっちも譲らないスタンスだった。そして暴動が起きた。人事部長や担当駐在役員の態度に耐え切れなくなった従業員が、工場にある物を壊し始めたのだ。でも社長は警察を呼ばないという判断をした。

その夜、労働者の数名がわが家にやってきた。「人事部長と駐在役員のことが信じられないから、直接社長と話す機会を作ってほしい」と。人事部の信用できる職員からも話を聞いた。

ストライキ4日目の朝、私は伊藤社長に実態を報告した。人事部長や駐在役員からの情報とは違っていたらしく、社長が自ら組合との直談判に臨んだ。従業員は涙ぐみながら、切々と社長に訴えた。まずほかの工場に比べて、わが社の賃金は半分以下だった。家族を養えないどころか、自分の住まいや交通費もままならない。そして従業員に怒鳴ることもやめてほしい、と。

当時の従業員の月給は26日間働いて4000ルピー（約8000円）だった。社長は要求をのみ、とりあえずその倍の8000ルピー（約1万6000円）に給料を上げることとし、業界水準を調査する約束も交わした。そして労働環境の改善を指示した。こうしてストライキが解消した。

当時の従業員たちから、私が調整役になったことに対して今でもお礼を言われる。インド人は基本的に穏やかな人たちだと思うが、生活ができなくなったら立ち上がるしかない。

社員と業者の育成

一度、社長とインドの業者の視察に行った。モノ作りに自信があって、仕事が欲しいという業者だった。先に事務所で担当者と会い話を聞いたが、彼らのこれまでの実績を聞いてみると、発注できそうな業者に思えてきた。

でも生産現場に行ったら、信じられない光景が。加工機が砂の上に設置されていて、非常に汚い作業着を着た作業員が部品を加工していた。しかしこれがインドの現実でもあった。

伊藤社長はその業者に可能性を感じた。私も同感だった。伊藤社長は業者に改善案を出した。まずは床工事と防火塗装をする。社員に清潔な作業着を着てもらい、作業靴と手袋も配布する。そして、各所に5Sの現地語で書いた看板を設置する。業者も指摘されたことを素直に受け入れて改善し、受注に成功した。社長も私もうれしかった。

伊藤社長は、会社で自分のことをすべて自分でする人だった。資料をコピーしたり、ファックスを送ったりするなどの雑務も、僕ら部下にはやらせない。

さらに、インド人を育成しないといけないこともよく理解してくれていた。部品の不具合を見つけたら、担当者を呼び、改善方法を絵に描いて、具体的な数字などを記して直接伝えた。そして規格どおりの物が作れるようになるまでフォローした。インド人の従業員みんなが、そんな伊藤社長にだんだん信頼を寄せるようになっていった。

伊藤社長にはもう一ついい習慣があった。後でやってもいいことを、時間があればすぐやってしまう。伊藤社長を見ていると、私が子どものころに覚えた15世紀のことわざを思い出す。

「明日やるべきことを今日やれ、今日やるべきことを今やれ。後になってからではやれない、時が消えていくから」

日本語にすると、少し前に流行った「今でしょ！」というやつだろうか。伊藤社長の働き方は私にとって理想の姿となった。

伊藤社長はとても素直な人でもあった。日本にいる家族と離れ、単身赴任をしていて、実際は寂しかったと思う。ほかの日本人駐在員はタイから女の子を連れてきて家に同居させたりしていたけれど、伊藤社長はそうではなかった。わが家に来ることもあって、家族とも優しく接してくれて、自ら会話しようとする。

ちなみに伊藤社長の車はホンダの上級モデルだったが、「車に乗ると頭が痛くなる」と言っていた。私が車内を確認したところ、ヘッドレストがかなり後ろに下がっていて、その構造に問題があると思えた。そこで私の母がヘッドレストの部分に追加のクッションフォームを詰め、布をかぶせてきれいに縫った。すると、社長の頭が楽になった。

部下の育成とIT業界への復帰

工場までの通勤は、自宅近くのバス停から途中まで公共交通を使い、そこから会社のバスに乗り換えて会社まで行った。自宅近くのバス停から数名の同僚と通勤した。朝からジョークなどを飛ばし、楽しい通勤時間だった。私はいつもネクタイを締めてビシッとした格好をしていたが、ほかの社員たちはビジネスカジュアルだった。

私はケーヒンで働きながら、日本語の教師もしていた。プネ大学外国部から自宅付近の私立経営大学に派遣され、ケーヒンの管理職も3人通ってきていた。

2000年の西インド弁論大会で、1年生の部は私の生徒（第1期生）が優勝。2001年には初めて日本へ留学する学生も輩出した。

私が日本から集めてきた品物で展示会も開いた。そのときは伊藤社長にテープカットを頼んだ。ほかの日本人駐在員やインド人従業員も駆けつけてくれて、私の生徒たちにいろいろなことを教えてくれた。生徒も喜んだし、多くの地元住民も見に来てくれた。

私には5人の部下がいた。みんなプネ大学の日本語学科を卒業した後輩たちだ。彼らの育成も私の役目だった。宮城県の本社に日本語で提出するレポートの書き方を教え、朝礼での通訳の見本となった。翻訳をするときのコツも教えた。日本人は文章を短く切らずに、延々と続く長い文書にする癖がある。学校ではそんな文書を学ばない。よって、論理的なところで切る方法を教えた。また通訳者や翻訳者は中立な立場で仕事をしないといけない。でも、会社の一員であるから、たとえば誰かが怒鳴り合っていても、社内の雰囲気を守ることを優先して、自分は冷静に通訳するということも指導した。

でも私は通訳と翻訳の仕事はあまり好きではなかった。自らのアウトプットやクリエーションが何もないからだ。工場が安定稼働に入ったころ、私はＩＴ業界に戻ろうと思った。そしてそのことを伊藤社長に相談した。伊藤社長は私にケーヒンに残ってほしがった。でも、私のことを気にかけてくれていたから、結局は私の気持ちを尊重してくれた。

コラム
COLUMN

日本とインドの関係

長い歴史的な流れを見れば、仏教が6世紀に日本に伝わったときから両国の交流が始まっている。

736年にインドの僧侶、菩提僊那（Bodhisena）は仏教を広めるために来日し、東大寺の大仏の開眼供養会の導師をつとめ、760年に亡くなるまでそのまま日本にとどまった。弟子に梵語を教え、華厳仏教を興した。伝統的な宮廷舞踊と音楽の導入にも携わった。日本の仮名の形や五十音の配列は梵語の文字に基づいているとされる。

このように結びつけられたインドと日本は、両国の僧侶や学者がしばしば互いの国をめざして航海の旅に出た。現在は破壊されてしまったインドの古代ナーランダ大学の記録には、日本から来た学者と弟子のことが書かれている。

より近代的な意味での交流や外交関係は明治時代からと言えよう。1870年からインドの商売人が横浜や沖縄に住み始めた。1893（明治26）年にインドの偉大な哲学者であるスワミ・ヴィヴェーカーナンダが訪日。1899年の条約改正後にインド人が日本に移民してきたが、人数はさほど増えなかった。日印協会ができたのも1903年。1905年、日本が日露戦争を勝ち取ると、1906年にその経験から学ぶためにインドから54人が日本に留学した。1923年の関東大地震を経て、横浜に住んでいる商売人の多くが神戸に移り住んだ。在日インド人は、1901年に30人、1905人に70人、1939年に632人と増えたが、1942年に114人に減った。

第二次世界大戦ではインド国民軍と日本軍がインドの独立を求めて協力する、というユニークな関係が成立した。ただし、今のインドでは当時の日本について二通りの見方がある。

一つは、インド国民軍が立ち上がり、インド独立の早期化につながったという説。もう一つは、日本軍がアンダマン諸島その他で大量にインド人を虐殺し、降伏したインド軍を射撃練習の的に使った。よって、もしも日本の支援でインドが独立していたら、インドは日本のひどい支配下に入っていたと。戦後の極東軍事裁判においてインド代表パール判事は日本の無罪を主張する意見書を提出し、ほかの国と異なる態度を取った。1949（昭和24）年にはネルー首相が両国の友好を深めるためにインド象を日本に寄付したことはよく知られている。1952年に国交を樹立し、インドは日本に対する賠償をすべて放棄した。インドと日本がしばらく外交、貿易、技術提携を進めた。

米ソ対立による冷戦構造のため、両国の関係はぎこちないものに変化した。また1998年にはインドで核実験が行われ、インドと日本の関係が停滞した。コンピューターの2000年問題に関連してIT技術者の不足が懸念され、1990年代の後半にインドから多数のソフトウエア・エンジニアが来日。2001年から両国の二国間関係は再び加速度をつけて改善していった。

2006年から両国の首相が交互に相手国を訪問するようになり、関係を強化している。円借款など経済的交流が増えてきたものの、文化的また教育分野の交流はさほど進化しない。2020年6月現在、インドからの留学生が1700人未満（2000年には500人未満）にとどまっていて、まだまだ少ない。2001年の在日インド人は約1万人。2020年は約4万人に増えた。

日印関係は幻のようである。伝統文化の観点や同じアジア圏の国として近いはず。でも、インドのロシアとの関係および日本のアメリカとの関係により、政治的には一定以上近寄れない関係。また、地理・経済的な状況から中国や近隣諸国との輸出入関係が強く、インドとの貿易やインドにおける日系企業の進出も一定以上盛り上がらない状況。「クワッド」の枠組みが作られているが、今後の動きを注視したい。日印協会のこれからにも期待したい。

7

第7章

国際結婚と日本の入管との闘い

2001年に彼女が大事件に巻き込まれ、日本から強制退去に。よぎは彼女と国際結婚をして、子宝にも恵まれる。ところが生活環境が合わず、二人はある決断をしたのだった。

IT企業に転職

2001年2月、こうして私はケーヒンに別れを告げ、日系のIT企業に転職した。条件はインド国内で働かせてもらうこと。そう望んだのにはわけがあった。前の月に父がバイクの事故に遭遇したのだ。会社からの帰り道、夜の暗い時間帯だった。道路に落ちていた大きな石に気づかず、父は転倒したらしい。中央分離帯に頭をぶつけて脳出血を引き起こした。近くの病院に運ばれて緊急手術を受けたが、脳結石ができてしまった。

私がIT企業に転職したとき、父はまだ入院していた。でも転職して4日目、いきなり日本への長期出張を命じられた。日本に行きたいけれど、今は父から離れることはできない。私は辞表を出して家に帰った。

翌日父の面会に行くと、「よぎの会社から電話をもらった。お父さんはすぐに治るから、おまえは日本に行きなさい」と言う。私は拒否したけれど父は聞かない。それでビザの手続きを済ませ、2001年2月に日本へ向かった。

職場は東京の溜池山王駅にあるコマツで、経理ソフトの開発を手伝うことになった。私の会社からはほかにもインド人エンジニアが派遣されていたが、誰も日本語ができなくて、お客さんとのコミュニケーションがうまくいかない。

お客さん側の担当者は大門さんという日本人女性。優秀でバリバリ働く彼女につられて、僕らも忙しく働かされた。3泊4日連続で会社に泊まり込み、仕事したこともあった。デスクで仮眠を取りながら。

会社の待遇はよかった。中野駅近くにマンションを用意され、チームメンバーと一緒にシェアしていた。チームメンバー同士の仲も良かった。でも、営業担当がいつもお客さんに過剰な約束をしてしまうため、現場で作業をする私たちは困っていた。

日本人は調達先に不可能な要求をすることがある。そのせいで共倒れすることもある。これはＩＴの世界で繰り返される現実だ。このプロジェクトも同じだった。とにかく常にプレッシャーがかかっていた。

そして運命的な出会いが待っていた

そんななか、思いもしないハプニングが起きた。

２００１年3月27日の朝だった。

いつものように通勤電車に乗ろうとすると、隣のドアから知った顔の女性が乗り込もうとしていた。なんと、あのてっちゃんだった。私も電車に乗り、はやる気持ちを抑えて彼女の隣に並ぶ。そして彼女の肩に自分の肩でわざと触れた。彼女が変な目で私のほうを見る。

「ここで何をしているの？」

私が聞くと、彼女はびっくり。一瞬固まったが、私のことをわかったのか、ほほ笑みを見せる。私は自分のリュックを開けて、中から彼女の写真を出して見せた。ずっと持ち歩いていたものだった。彼女はまた大きく驚いた。電車内では長く話せないから、連絡先を交換してまた後日会うことになった。

桜が満開になった4月、私たちは二人で新宿御苑と千鳥ヶ淵へ花見に行った。その帰りに「カレーを食べよう」と、私の部屋へ彼女を誘った。家に帰ってほうれん草カレーを作り、白いご飯と一緒に食べた。彼女は「おいしい」と言ってくれた。

夜の9時ごろになると彼女を駅まで見送りに行った。

別れ際、改札口で「付き合ってくれないか」とプロポーズをした。日本語ではプロポーズと言うと結婚の申し込みを指すけれど、インドでは違う。長期的に真剣なお付き合いをしてほしいという意味だ。彼女は「はい」と承諾してくれた。

それから彼女とちょくちょく会うようになった。出かけたり、家でおしゃべりしたり。私は彼女のことを「てっちゃん」と呼び、彼女は私を「よぎ」と呼んだ。

5月末、私はインドに一時帰国した。たった1週間だったが、てっちゃんと離れて寂しかった。てっちゃんも同じように感じたそうだ。日本に帰ってきた私は、彼女に結婚を申し込んだ。親に相談しないで勝手に進めてしまった。

確実なことをまだ何も決めていないのに、二人で中野のブロードウェイに行って結婚式で着る私のスーツと彼女のワンピースを購入。そのスーツを着て写真を撮ったりもした。彼女を持ち上げてキスしている写真などもあって、うれしくて楽しい時間だった。同僚に伝えたら、みんなが祝福してくれた。

てっちゃんが入管に収容された

しかし運命というのは、そう単純なものではなかった。

5月23日、仕事に出かけたまま、てっちゃんが家に帰ってこない。

てっちゃんは1年前から、財団法人NK協会という団体で主任として働いていた。もともと中国の吉林大学の修士課程をトップの成績で卒業し、同大学で教師をやっていた。大学の掲示板で募集通知を見かけて応募し、日本にやってきたのだ。

何時になっても家に帰らないてっちゃん。私は焦った。心配になった。

私がかつて大阪でホームステイしていた家のお父さんが警察官なので、お父さんに助けを求めた。でも、有力な情報は得られなかった。

国際交流センターで知り合った荒井シェフに電話した。数十分後に荒井シェフから電話をもらい、「てっちゃんは池袋警察署に収容されている」と言われた。翌朝、池袋警察署に行ったが、てっちゃんには会えなかった。彼女は東十条にある入国管理局（現・出入国在留管理庁＝入管）の収容施設に移送されたと聞かされた。

何が起こっているのかまったくわからなかった。まずは入管に行って、てっちゃんに会わないと。入管に行くと、彼女との面会が許された。朝7時から入管の窓口に並んで、9時から10分間だけ会えた。会えると言ってもガラス越しに彼女と話すだけだ。

てっちゃんは不法入国の疑いで収容されたと言う。しかし彼女はNK協会に雇用され、招聘され、正規ビザで入国して、普通に主任として働いていたのだ。それが正しいのであれば、どこがだめなのか理解できない。私もてっちゃんも経験不足で、何をすべきなのかわからない。

そこでてっちゃんを採用したM氏に私から連絡した。そして勤務先の代表のN氏にも電話して、話を聞いた。

彼らによるとこういう話だった。NK協会のもとで195人の中国人実習生を雇用し、地方の旅館に派遣し、清掃業務などをしてもらっていた。そしててっちゃんのような先生（NK協会での職位は主任）を計5人雇用し、この195人の教育を任せていた。ところが、この195人の雇用に不正があったようで、てっちゃんたちも巻き込まれてしまった。

私は事件のことを調べ上げ、M氏とN氏との電話の録音テープとともにファイルにまとめ、入管に対しててっちゃんは被害者であると訴えた。

一方で入管は、てっちゃんが偽造の雇用書類を提出した、と言う。理由は、N氏が「（てっちゃんたち）5人と195人の中国人実習生の雇用に自分は関わっていない」と主張したからだ。NK協会の社判がM氏によって勝手に使用され、すべての犯罪はM氏一人によって起こされたものだと説明した。でもてっちゃん曰く、来日したときにはN氏に挨拶したし、その後も何度も彼とNK協会内で顔を合わせていた。

私はその中国人たちが雇われていた旅館に電話して話を聞いた。入管は195人全員を捕まえることができなかったようだ。東京での動きがばれて、多くの実習生が職場から逃げたらしい。

事件のことを調べれば調べるほど、その悪行が見えてきた。実習生に書面上では15万円の給料を支払っていたが、実際に支払われていた額はその半分以下だった。そして残りの半分以上の額は、おそらく別のある大物にも流れていた。M氏とてっちゃんたちは、その人物のパーティーによく呼ばれていたので、私はそう疑っている。

法律相談ができない

てっちゃんのホームステイ先の家族である大川家のお母さんも、いつも入管へ面会に来てくれた。そしてＮＫ協会や入管の不正に怒りを露わにしていた。

入管はてっちゃんに帰国するよう圧力をかけていた。てっちゃんは地下にある部屋に収容され、数日間太陽を見ることさえ許されなかった。穏やかな家庭で育ったてっちゃんにとっては、もう我慢できない状況になってきていた。

「負けないで。一緒に戦うから」

私と大川のお母さんはこう言っててっちゃんの力になろうとしたが、収容27日目、てっちゃんが帰国を希望した。彼女の心はもうずたずたになっていた。

17年かけて一生懸命に学んだ日本語と日本文化が、このようなかたちで灰になろうとしていた。入管の職員は、「早めに帰国しなければこのまま長期間収容されてしまう」とも脅していたらしい。入管には、私たちの言い分を聞いてくれる人はいなかった。

てっちゃんは中国へ帰ることを承諾した。２００1年6月14日、てっちゃんは中国に返された。これは彼女にとって大きなトラウマになった。パスポートに意味不明な「１２０」というスタンプが押されていた。

その後、この事件の裁判が行われ、M氏は3年の刑に処され、NK協会に対してものちに解散命令が出されたと記憶する。でも今ではインターネット上の記事がすべて削除されている。

しかしそもそもM氏だけで、これほどの大きな企てを実現できるだろうか、と疑問にも思う。背後にもっと大きな力がはたらいていなかったのかと、勘ぐりたくなってしまう。

中国に帰ったてっちゃんは、なんとか立ち直ろうとしていた。

てっちゃんの両親はすでに亡くなっている。彼女には二人の姉がいて、つまり今は3人家族だ。上の姉は一級建築士で、2番目の姉は会計士をしていた。

私はてっちゃんと7月に結婚する方向で話し合いを始めた。てっちゃんのお姉さんたちはそんなに反対しなかったようだが、インドのわが家では母が反対。「国際結婚には互いに対しより高い理解と信頼が必要で、愛や普通の努力だけではうまくいかない」と母は言った。私は父に相談し、母を説得してもらった。

結婚式はどうしようかという話になったとき、かつての姉の結婚式での経験と自分の考え方をてっちゃんに伝えた。盛大な結婚式を挙げたくないんだ、と。最初はてっちゃんも納得したけれど、数日経つと彼女のなかに女心が芽生えた。彼女の姉たちも結婚しておらず、家族で初めての結婚だから、やっぱりちゃんと式を挙げたいと。

「一生に一度のことだし、思い出を残したい」

そうてっちゃんは言った。いろいろ議論したが、結果として家族に迷惑をかけずに、自分たちの貯金で結婚式を挙げようと決めた。私の両親を中国に呼ぶのは難しかった。予算的にもだけど、当時の印中関係だと中国のビザを取るのも至難の業だった。

東京での仕事を終え中国へ

私は東京での仕事が一段落してから、中国へ行こうと思った。当時の会社の上司はてっちゃんの事件について知っていたので、中国行きに協力的ではなかった。そしててっちゃんを侮辱するようなことも言った。上司は、私が一度中国に行ったらもう戻ってこなくなると恐れていたのかもしれない。チームのなかで日本語ができるのは私だけだったから、私がいないとピンチだった。でもそんな上司を相手にせず、私は２００１年８月６日にＩＴ会社を辞めて、東京から北京経由で長春へ向かった。

長春に着いてからは、てっちゃんの親戚や知人への挨拶、買い物、近所の観光などで忙しくなった。長春は非常によくできた街で驚いた。大きな道路に大きな公園、とにかくプネや東京と比べてインフラのスケールが違う。街がきれいに整備されていた。ゴミなどが散らかっている場所はない。交通整理もよくできていた。ドイツ車が多く、その次に現地メーカーの車が目立った。公共バスはＩＣカードをかざして乗れるようになっており、日本よりも先進的だった。寒い地域ということもあってか、市民の身だしなみがよかった。公園では朝の時間帯には太極拳を練習する人、夜には社交ダンスをする人たちが毎日集まる。いいなと思った。全体的に平和な街だった。

一度、てっちゃんに連れられて残留孤児が住んでいる団地に行った。ここに住んでいる人たちは経済的に貧しく見えた。でも、この辺の人たちはすごい。中国語、朝鮮語、そして日本語が話せる。だから、私も彼らと会話ができた。貴重な人材になり得ると思った。何十年も前に起きた戦争のせいで今でも迷っている、苦しんでいる人がいると知った。

2001年8月8日、結婚を登記した。登記所の方々は私たちの国際結婚を喜んでいた。インドと中国の珍しいカップルだったからだ。すみやかに手続きが終わり、証明書が発行された。

中国で街を歩くと、たくさんの中国人が私の顔を見て「ピャオリャン（きれい）」と言ってきた。とくに濃い眉毛やまつ毛に興味を持つようだ。勝手に眉毛を触る人もいた。

記念写真撮影の日が来た。このときのエピソードが面白い。撮影に行くとき、てっちゃんの男友達が車で迎えに来た。てっちゃんは私と一緒に後部座席に乗らず、助手席に乗った。「なんでそうなの？」と聞いたら、友達に対する礼儀だと言う。私にとっては驚きだった。インドだったら、女性が自分の夫もしくは彼氏を置いて、他人の男の隣に座ることはあり得ない。私はすねてしまっていた。写真撮影のときも気楽な気分になれない。

理由はほかにもあった。結婚式でてっちゃんが着るドレスについて、私の意見はたびたび無視され、てっちゃんと2番目の姉だけで決めてしまうのだ。中野のブロードウェイで買った服の出番もなくなっていた。てっちゃんは西洋式のウエディングドレスを着たいと言い出した。愛も結婚も素直なものではなくなっていた。

インドと中国の難しい関係

中国に行ってからびっくりしたことがある。中国のどのCD屋にもインド映画のCDがたくさん置いてあったのだ。購入もレンタルも可能だった。しかも1960年代から70年代の映画ばかり。基本的に当時の名監督、俳優とプロデューサーであったラージュ・カプールの映画が多い。彼の映画がロシアで人気を集めていることは知っていたが、中国の実情はインドにいると何も聞こえてこないのだ。

中国人もインドについてあまり知らない。インドと中国が過去に戦争したことを知らないし、両国が今も国境で紛争中であることも報道されていなかったらしい。だから一般の中国人はインドについて敵対視する理由もなかった。ある意味、良いと思った。

インドがダライ・ラマ14世に亡命を許可した1959年のチベット蜂起の後、インドと中国の間で国境をめぐって一連の小競り合いがあった。この後もインドと中国とパキスタンの間で小競り合いが続いて、大きな戦争になりかねないという危機感がインド全土を覆っていた。パキスタン国境から遠く離れたプネでもバンカー（塹壕）が掘られ、サイレンが鳴るたび、両親や親戚はバンカーに隠れたという。母は今でもこう話す。

「とても怖かった。日常品や穀物の物流が滞り、インフレも激しかった」

当時の日米関係が背景にあったのだろうか、日本は平和主義のインドよりもパキスタンやバングラデシュに対して親しくしており、大戦以来この二国から多くの留学生や労働者を受け入れてきた。

中国での結婚式

8月18日、てっちゃんと私は披露宴を行った。

早朝にシャワーを浴びて式の服に着替えた。マンションの4階にあるてっちゃんの家に親戚も集まり、みんな「ピャオリャン、ピャオリャン（きれい、きれい）」と言いながら写真を撮る。

1階に迎えのリムジンが来ると、私がてっちゃんを抱き上げて1階まで下りなければならない。花嫁の足が地面についてはいけないというから大変だ。てっちゃんのウエディングドレスはとにかくつるつる滑る。危ない場面を繰り返し、てっちゃんや親戚に笑われながらも、なんとか彼女を車の後部座席に詰め込んだ。

約80人の親戚や友人らが参加し、小さなホールでのすばらしい宴が始まった。私は少しだけ中国語を覚えさせられ、みんなの前で言わされた。直訳するとこうだ。「妻はすごく美人で、美人で、私は南も北もわからない」みたいな（笑）。みんなわいわいと盛り上がっていた。

日本から大川のお父さんとお母さんが私の親代わりで来てくれた。事前に撮った記念写真が、すごく立派な写真アルバムになっていた。

でも結婚式では嫌なこともさせられた。それは参加者のタバコに火をつけてあげて、白酒を注ぐことだった。私はタバコも酒も嫌いで、この儀式には反対したが、てっちゃん側の圧力に負けた。そして結婚式では、度の強いお酒も飲まされた。てっちゃんが無理しないでと言っていたが、ほかのお客さんが喜びのあまりどんどん飲ませてくる。せっかくの気持ちに応えたくて、私は笑顔で拝酌した。

結婚式は数時間で終わり、その足で親戚と夕飯を食べに行った。言葉も習慣もわからない私にとっては、精神的に疲れる長い1日だった。

夜11時ごろ、てっちゃんや姉たちと帰宅した。自分の部屋に入って着替えていると、2番目の姉に呼ばれた。「花束をばらして花瓶に入れろ」と言う。私は早く休みたくて、というかてっちゃんと一緒になりたくて、「明日やる」と言うと、「今やって」とまた上から目線で言う。私も意地を張ってしまい口論になった。姉は丸1日走り回ってくれたんだと、てっちゃんは姉の肩を持った。私はそんなのひどいと思い、出かける服に着替えてそのまま外出してホテルで泊まった。人生でいちばん寂しくて長い夜に感じた。

翌日は大川のお父さんとお母さん、てっちゃんの親戚のお兄さんが間に入っての話し合い。ヒートアップする場面もあった。私としては結婚式当日に、義理の姉から指示を受けるなんて思わなかった。結果、ホテルを出ててっちゃんの家に帰ることになった。大川のお母さんから、「よぎ君、結婚というのはね、雨が降って地が固まるのよ」と言われたことが記憶に残っている。

新婚旅行は上海と北京へ。私は何もわからずてっちゃんについて回るだけだった。文化的な違い、考え方の違い、そしてお姉さんとの喧嘩の影が重く、旅行中は口論が多くなり、てっちゃんは急に厳しい人になっていた。新婚生活はなかなかイメージどおりにいかない。たまに気持ちが暗くなることもあった。新婚旅行から帰宅して、お姉さんたちとの生活が再開した。私はやることがなく、家事を手伝った。

2番目の姉は私とてっちゃんが出かけるときも一緒について来るし、二人で部屋にいるときもわざとらしくノックしてくる。出かける際の私の服装にまで口を出し、別の服に替えるよう要求する。私はだんだんいらいらするようになった。

そんななか、てっちゃんの妊娠が発覚した。てっちゃんには親がいないし、二人の姉は出産経験がない。そこで話し合って、インドに行って私の親の指導のもと出産することを決めた。その意味では日本へ戻ることも論外だった。それで私が先にインドへ帰国することになった。

インドへ帰る

私がインドに帰るとき、てっちゃんは北京までついてきた。そしてインド大使館でビザを申請し、北京空港で泣きながら別れた。

インドで私は、以前働いていたケーヒンFIEでまた伊藤社長の右腕として働き始めた。会社のみんなが私の帰社を喜んでくれた。日本語の授業も再開した。前からの生徒も喜んでくれていた。

そして、パパ業の準備としてインド古式子育て教室に入会した。会社が終わってから、日本語の授業がない日に参加し、1日3時間、週に3回、2カ月も続いた。妊娠する過程から子宮内の赤ちゃんの成長、妊娠時と出産時と出産後の母子のケア、赤ちゃんの抱き方、ご飯を食べさせるタイミング、子どもの育て方、歩く練習、体操のさせ方、オイルマッサージ、入浴、読み聞かせ、多言語環境作り、身体的成長のための道具作りなどさまざまなことを学んだ。子どもの身体、知恵、精神の3つの育成の方法を学んだ。

てっちゃんがインドへ来る

私がインドに帰国して3カ月経ってもてっちゃんのビザが下りない。在中インド大使館に連絡すると、わけがあるとのこと。2001年はインドと中国の国交が正常ではなかった。そのためてっちゃんは中国のスパイだと思われていたようだ。

ケーヒンFIEの役員に相談すると、私が住む西インド・マハラシュトラ州の知事に手紙を書いてくれた。それをわが両親が持って州知事を訪問し、州知事がインドの外相に手紙を書いてくれた。両親がその手紙を持ってニューデリーの外務省に行った。するとそこの職員に「中国人との結婚はあり得ない。中国人はスパイだ。われわれは嫁さんのビザを止めるから、息子さんにインド人と結婚してもらいなさい」と言われたらしい。

母も父もそんな話を認めず、外相に直接会い、外相から首相への手紙をいただき、その結果やっとてっちゃんの入国に向けて特別許可が下りたのだった。

ビザの手続きに2カ月もかかり、妊娠5カ月目でてっちゃんがインドにようやく来ることができた。もう2002年1月になっていた。てっちゃんを迎えるため、ムンバイの国際空港へ行った。空港から出てきたてっちゃんはかわいかった。少しお腹が大きくなり、顔に母性が出ていて魅力が倍増していた。プネまでの5～6時間の道中、私たちはずっと互いの手を握っていた。

実家に着くと、玄関で母が嫁入りの儀式を行った。母が水でてっちゃんの足を洗い、てっちゃんの額に赤色（クムクム）と黄色（ハルディ）の粉をつけ、頭に米粒を投げ、オイルランプを載せたタリ（お盆）を顔の前で時計回りに廻した。その後、玄関の敷居の上に米がいっぱいに入った容器が置かれ、それを足先で倒しててっちゃんが嫁入りを果たした。てっちゃんは興味深そうな顔をしながら、母に言われたとおりにやってくれた。

てっちゃんを家に迎えた家族はとても喜んだ。父はてっちゃんを娘扱いし、「おれの娘だ」と言って抱き締めていた。てっちゃんはきっと「汗臭い」などと思っていたんだろうな（笑）。母は「料理や文化やしきたりなどプラニク家のことをいろいろ教えなくちゃ」と張り切っていた。

雪国から来たてっちゃんにとって、インドの気候は暑い。てっちゃんが丈の短い服を着ると、母の指導が入った。少しずつ母も許容範囲が広くなったけれど。

私は朝の7時に出かけて18時まで会社で働き、その後日本語学校で先生をしていたから、帰宅は夜の9時。忙しかったが、家計を回すにはそれが必要だった。人に教えるのは好きだったし。でもてっちゃんと家族の間に共通言語がなく、てっちゃんに寂しい思いをさせていた。今思えば、てっちゃんを毎日日本語学校に連れて行けばよかったのかもしれない。

ただてっちゃんと家族は言葉がわからないことが幸いし、直接口論になることもなかった。私が仕事から帰ると、何時間も通訳をやらされる。それが毎日続くと本当に疲れた。彼らが互いに片言で会話することによって、あらゆる勘違いが発生してしまうから、その勘違いを解くのが私の仕事だった。「え〜！　そういうことだったの」などと言いながら、互いの勘違いがわかると笑うのだった。

でも、すべてが順調で幸せでもなかった。辛いこともあった。

てっちゃんの実家はきれいに内装され、必要な家具が揃っていた。一方、私の実家はとてもシンプルで、ダイニングテーブルやベッドもなかった。1ＬＤＫの間取りに両親と弟も同居しているのでプライバシーもない。

また毎日ベジタリアンのインド料理ばかりで、てっちゃんは中国料理が恋しくなっていたが、中華料理の材料がない。当時、プネ市には中華料理店が1カ所しかなく、わが家から25キロも離れていた。二度ほどてっちゃんをそのレストランに連れて行ったら喜んでくれた。とはいえ高い店だったから、頻繁には行けないとてっちゃんもわかってくれていた。たまにてっちゃんを連れて、わが家の近くにあるレストランや屋台で肉料理を食べた。

でも、それよりもてっちゃんの大好物はインドのアイスクリーム。1日に数個もペロリと食べてしまう。そして生ココナッツのジュースと新鮮なトマトも。てっちゃんは、子どもの肌の色が私に似て黒くなることを恐れていた。だからそうならないように、たくさんトマトを食べてココナッツジュースを飲んでいた。

てっちゃんが欲しい物があればいつでも「つけ」で彼女に渡してくれるよう、私は家の近くの雑貨店（ジェネラル・ストアというインドのコンビニ）のオーナーに話しておいた。

周辺には中国人が一人もいなくて、てっちゃんは本当に寂しい思いをしていたと思う。それでときどき、中国の姉に電話して長話をしていた。一度は1カ月の電話代がとても高くなり、私の1カ月分の給料に相当する請求書が届いて仰天した。

てっちゃんや家族と一緒に西海岸のゴアへ出かけたこともあった。本当は二人で出かけたいけれど、てっちゃんのお腹が大きくなって心配だった。スズキの9人乗りのバンに布団を載せて、即席のキャンピングカーだ。

久しぶりに旅に出たてっちゃんはとても楽しんでいた。窓を開け、体に当たる風で涼しげにしていた。当時のインドは公衆トイレがなく、私たちをまねして、てっちゃんも道中に畑で用を足したりした。ホテル代が浮いた分食べ物や観光にお金を使うことができた。

てっちゃんはゴアの海を気に入ってくれた。毎年この海を訪れたいと。焼き魚もおいしいし、海も浅くてきれい。近くに海がない中国東北部出身のてっちゃんにとって面白い旅ができたようで、私もうれしかった。

息子の誕生とてっちゃんとの別れ

てっちゃんは最初、家族とは別の家で私と二人暮らしすることを望んだ。それで近くのマンションのリフォーム工事を急いで進めた。二人だったらラブラブできるし。4月ごろからようやく二人暮らしを始めた。

5月半ば、てっちゃんの2番目の姉がインドへやってきた。一人で出産するのは怖いからと、てっちゃんが希望して招待したのだった。

てっちゃんの姉と私はうまが合わない。姉はインドでも私に指導するようになった。それだけでなく、姉がてっちゃんと二人でベッドで寝るようになり、私とてっちゃんとのプライバシーがなくなってしまった。姉は「私は母親代わり」だと譲らないし、次第にてっちゃんの口調にも厳しさを感じるようになっていった。

インドにはインド式の出産や子育ての知恵がある。てっちゃんもお姉さんも出産経験がないからインドへ来たのに、何だかおかしなことになってしまった。

そして2002年6月7日、ついに私たちの息子がこの世に無事誕生した。宝物のような男の子。「陳明《ちんめい》」と名づけた。

出産時、赤ちゃんがなかなか出てこなくててっちゃんは苦しんだ。帝王切開したいと言う彼女に私は「後悔すると思うから、もう少し頑張ろう」と説得した。ところが夜中に私がてっちゃんの中国にいるもう一人の姉に電話するためちょっと外出した瞬間、てっちゃんとうちの父が医師に許可を出してしまい、帝王切開していた……。

母親になったてっちゃんは、息子におっぱいを飲ませなかった。姉がそれをさせなかったのだ。理由はてっちゃんに肝炎の持病があったためだ。しかし、てっちゃんにインドの国立ウイルス研究所であらためて検査を受けてもらったところ、「異常なし」だった。

出産して7日目、てっちゃんが「もう中国へ帰りたい」と言うようになった。発端の一つは看護師による強制歩行訓練だった。ついにてっちゃんは私の言うことを何も聞かなくなってしまい、日本語ができる友人に助けを求めて、てっちゃんと話をしてもらった。ところが、その友人は私にてっちゃんと話した内容を何も言ってくれなかった。平行線のまま。

出産9日目に、私の弟が運転する車にてっちゃんと姉を乗せてムンバイ国際空港へ送った。空港に着くと、てっちゃんは大泣きして「行きたくない」と言い出した。帰りたいと主張はしていたものの、いざとなったら私と子どもと別れるのが辛くなったのだと思う。その彼女の手を姉が引っ張り、空港内に入っていった。

外国人のてっちゃんは、言葉が通じず、中国とは違うインド式の出産でノイローゼ気味になっていた。ご飯も口に合わない。医者にも自分のことを理解してもらえない。精神的に疲れてしまい中国へ帰ったのだ。同じようなことが、日本で暮らす外国人にも起きている。親を呼び寄せるためのビザ取得も難しい。

インドの占星術、本当に運命ってあるのか

後悔が募る思い出だが、私はこう考えている。人間はみんな自分の運命を持ってこの世に生まれてきて、私たちもそういう運命だったのかなと思っている。

陳明が生まれてすぐ、占いの手帳を作った。するとこう書いてあった。

「母親の運がない。生まれてから12歳になるまで母親に会うことはない」と。

てっちゃんは「精神的にきついので3カ月だけ里帰りして、元気になったらインドに戻ってくる」と言った。しかし3カ月経つと「まだ中国にいたい」と言う。

私は母親の前では泣かずに元気なそぶりをしていたが、友人の前では涙を流すこともあった。

友人に勧められ、インドの占星術師のところへ行った。誕生日の星の位置で占うというもの。言われた住所に行くとクリニックだった。なんと、医者が占いをしていた。順番が回ってきたところ、部屋に入り、先生に自分の誕生日、誕生時刻、誕生場所と主に知りたいことを伝えると、「占い手帳を作って分析しておくから3日後に来い」と言われた。

3日後に行くと、先生は私に、「あなたは結婚しているでしょう？ 相手は中国か韓国か日本の人じゃないの？ 息子も一人いるんじゃないの？」と言った。友人が先生に伝えたんじゃないかと私は疑い、先生にぶっちゃけそう言った。そして先生に試しにいろいろ聞いてみたら、てっちゃんに親がいないことなども言い当てた。

先生によると「医者として病気の発見や診断に限界を感じていたところ、占星術を勉強してみた。結果が出始め、なお深掘りした」という。それでしばらくはこの占い師の先生にアドバイスを受けていた。

てっちゃんに日本で会えると思ったのに

てっちゃんは、「インドは暑くて言葉も通じないので暮らすのは辛い」と言った。「どこだったらいいの？」と聞くと、「日本がいい」と言う。そこで2002年9月に入社したインドの大手IT企業インフォシスに日本への派遣をお願いした。

2003年1月に私は両親を連れて日本へ行った。その年の4月、日本からキャセイ航空で帰るとき、香港に立ち寄り、母と父と息子とてっちゃんで4日間一緒に過ごした。中国の深圳にも足を伸ばした。その後、私と陳明は日本へ、父と母はインドへ帰った。

日本に来て、てっちゃんの家族ビザを申請しに行った。そのときに、彼女が以前、日本から「強制退去」になっていたことが初めて判明した。てっちゃんのパスポートに押されていた「120」のスタンプは、そういう意味だった。それを知った彼女は日本を恨むようになってしまった。

てっちゃんは深圳に転職し、一人暮らしを始めていた。海外出張などのときは、香港を通るキャセイ航空を使うようにした。私が深圳の家を訪れたら、姉が不在のため二人の関係はすこぶる良好。

2005年6月、私は日本の入管でてっちゃんのビザを申請し、だめならハンガーストライキをすると伝えた。しかし家族ビザは発給されず、結局、てっちゃんはインドまで行って、ムンバイの日本総領事館で観光ビザを得ることができた。

ところが彼女は日本まで来たものの、成田空港で入国を拒否され、帰されてしまった。私は彼女と会うことも話すこともかなわず、てっちゃんは日本のことがさらに嫌いになってしまった。

深圳で再び一緒に暮らそうとしたけれど

2005年8月、私は日本での職場を辞めて深圳へ行った。中国では言語の壁が高い。中国語ができないと就活が難しい。中国に行って、先に中国語を学んで就活しようと決め、深圳大学に入学した。インドにいる両親の生活も支えないといけない。

私は事前にてっちゃんに約束していた。「私は仕事を辞めて行くから、家族に最低限必要なお金を毎月インドに送ってくれたら、日本を離れて深圳で一緒に住むよ」と。ところが深圳に着いた途端、なんと2番目の姉も一緒に住むことになっていた。それなら私は無理だと言うと、てっちゃんは「姉は優しい人だから大丈夫」と言う。

2カ月間同居してみたが、やっぱり地獄だった。私がてっちゃんと部屋に二人だけでいると、外からドアをたたいて「何してるの」と入ってくる。二人で落ち着くことはもうできなかった。当時の私は28歳で大手ＩＴ企業から80万円の月収をもらっていた。厚遇の会社を辞めたのは勇気がいることだったのになあ……と肩を落とした。

そんなとき、日本の富士フイルムから突然スカウトの連絡があった。私が「息抜きに面接へ行ってきてもいい？」と聞くと、てっちゃんは「いいよ」。それで金曜日に面接を受けたら、翌週火曜日に合格の返事があった。私は断って中国へ帰るつもりだったが、富士フイルムの担当者から「スーツも1カ月分の家賃も準備するので、どうか日本にいてください」と熱心に説得された。

びくびくしながらてっちゃんに電話したら、「予想どおり」と笑っていた。そして私は日本に残り、もう一度息子と二人だけのシングルパパ生活が始まった。

てっちゃんのビザのことでずっと入管とやりとりして

いた。2006年2月、ついにてっちゃんにビザが下りた。彼女も日本で一緒に暮らすことを望んでいたのだが、条件があった。日本でマイホーム、しかも一軒家を買ってほしいと。賃貸マンションだと私がいつでも気楽にインドへ帰れるという恐怖があったそう。頭金100万円で西葛西の中古一軒家を決めかけたが、彼女が中国へ荷物を取りに帰ったときにまた何かに影響を受け、「ごめんなさい」と連絡があった。

それで私は一軒家と頭金を放棄した。

2007年5月、私は中国へてっちゃんに会いに行った。そして帰国の日、ふと言った。

「一度離婚してみない?」

「うん、いいよ」

中国は離婚の手続きが15分で成立する。私たちはお互いに愛し合っていたし、わだかまりもない。あっという間に離婚の手続きを終えた。私は寂しい気持ちで日本へ戻った。

いろいろなことに翻弄されてしまった夫婦関係だった。もちろん悔しさはある。でもこれも自らの運命なのだ。

第8章

シングルパパをしながら町会の理事になる

諸事情により妻は中国での生活を望み、よぎは日本で働きながらシングルパパとして息子を育てることに。暮らしていた団地では日本人コミュニティとも仲良くなり、町会の理事を務めることになった。

仕事と子育ての両立

2003年1月、再び来日した。しばらくは中野のマンスリーアパートに泊まった。飯島兄弟が管理する家具つき物件でインド人含め外国人はウェルカムだった。保証人も敷金もいらない。しかし勤務先は町田だったため、勤め先の紹介で町田駅の近くにあらためてアパートを借りた。保育園にも入ることができた。最初は私の両親も日本へ来てくれたが、しばらくしてインドへ帰った。こうして日本でのシングルパパ生活が本格的に始まった。

朝は6~7時ごろ起きて、クローブやニンニクなどのスパイスを入れて温めたオイルで息子のマッサージをする。オイルはマスタードかゴマのものを使う。マッサージの仕方は母から習った。まず自分が地面に座って両足を真っすぐ伸ばし、その上に息子を仰向けに寝かせる。息子の両手と両足にオイルを塗り、しっかりと揉みながら伸ばす。手を外側に向けて伸ばし、前でクロスさせて伸ばし、上の方へ伸ばす。指も1本1本伸ばし、手のひら、手の甲をマッサージする。足も真っすぐ伸ばしたり、腰から曲げて両足を頭につけたり、膝を曲げたり、足をクロスさせて反対側に伸ばしたりする。じっくりと行う一つひとつの体操で筋肉が伸び、息子は快楽を感じるのか、ずっと笑い続ける。胸、腹、丹田の周りをマッサージしてから、今度は裏返してうつ伏せにする。うつ伏せにしたとき赤ちゃんの顔と鼻がちょうど自分の両足の間に入るので、赤ちゃんは息がしやすい。この状態で、肩と背中とお尻のマッサージをする。背中はクスクスくすぐったい。最後に頭と額、鼻周りと顎のマッサージ。マッサージをしている時間は親子の触れ合いの最高の時間。赤ちゃんにとって精神的に安定する時間にもなっているかも。そして息子をお風呂に入れ、自分の弁当を作ってから、9時に保育園へ息子を送る。その足で10時前に会社へ出勤し、仕事を終えたら18時半に会社を出て、保育園に寄って19時には自宅に帰る。隣の家にワンちゃんがいて、陳明はそのワンちゃんを見るたび大喜びしていた。

2004年に出向先が変わり、今度は半蔵門駅にほど近いルイ・ヴィトンジャパンで働くことになった。そのため町田よりも通いやすい、市川市の南行徳に引っ越しした。ここもマンスリーアパートだった。アントン氏が管理する家具付き物件で、外国人ウェルカムだった。保証人も敷金もいらない。それから1年半ぐらい、また同じようなスケジュールで過ごし、子育てをした。

南行徳に引っ越したとき、事前に市役所へ連絡して保育園に入りたいと頼んだものの、引っ越してから1週間経っても入れなかった。会社へ行けず、市役所に行って怒ったら、翌日から1時間1200円で1日4〜5時間の保育園に入れた。その後、通常の認可保育園に入れた。陳明は保育園で「おかたづけ」の歌などを習い、日本語で歌うようになった。

父一人の子育てを苦しいと思ったことはない

息子はもう1歳半。保育園から一緒に帰宅したら、家でおしゃべりしたり遊んだりした。陳明をハンモックに入れてからご飯を作った。仕事の会食に参加することはなかったが悔いはない。父一人の子育てを苦しいと思ったことは一度もなかった。

赤ちゃんを泣かせないコツは90分ごとにミルクをあげて（夜寝ているときも）、体に触れて温もりを与えることだった。泣けば欲しいものをもらえるというサイクルが子どもにできてしまうと癖になる。そうなる前に、子どものニーズを満たすようにしていたので、陳明を泣かせたことがない。もしそれでも泣いていたら、まず赤ちゃんの服や腕輪を全部とる。そして耳、お尻、性器の周り、頭や全身を触って、どこが辛いのかをじっくり見る、と母から教わった。

日本に来る前は、陳明の毎朝のオイルマッサージとエクササイズを欠かさなかった。3～4カ月以降は這う練習。腰回りに長い布を巻いて、布の端っこを持って歩く練習をさせて、陳明の足腰の筋肉を鍛えた。陳明は7カ月でまっすぐ立って歩くようになり、日本へ来た時点ではすたすた歩いていた。

南行徳のアパートから1分のところに公園があり、遊具も多く設置されていた。近所の子どもたちが集まってよく遊んでいた。そのなかに愛ちゃんという女の子がいて、陳明は彼女と一緒に遊ぶことが増えた。でも愛ちゃんの家は、娘さんが陳明と遊ぶことをあまり好んでいなかったようだ。最初はいつも同じ時間に公園で会えていたのに、次第に避けられるようになった。

2006年6月、私はNHK共催の日本語国際弁論大会に出場した。スピーチのテーマは「誰もが住みやすい日本」で、日本での子育てのこと、日本人と外国人の子どもが一緒に遊ばないことや職場での差別などについて語った。結果、優勝は逃したものの高評価をいただき、「若竹賞」を受賞した。

引っ越しを考える

陳明はすくすく育って元気に走り回り、自転車にも乗れるようになった。しかしアパートの入口前には、車が行き交う道路がある。危ないので、私は安全な家に引っ越すことを考え始めた。東京都江戸川区の西葛西駅近くに知人が住んでいて、その団地に何度か行ったことがある。そんなことを思い出し、インド人の間で有名な荒川さんという不動産屋に問い合わせてみると、すぐに小島町二丁目団地の部屋を紹介してくれた。しかし、団地に住んでいる外国人の評判はすでに悪かった。ゴミの分別ができていないなどのクレームがあったらしい。それがちょっと気になり迷ったものの、何より環境がすばらしいのでここに引っ越したいと思った。

今のアパートより家が広く清潔だし、玄関を出てもすぐ道路がない。２００６年6月に西葛西に引っ越してきた後も、しばらくの間は毎週私と陳明で南行徳の公園に遊びに行き、愛ちゃんに会えるときもあった。

陳明は西葛西駅からほど近い瑞江駅にある私立のインド系学校に入り、4年間通った。通学は西葛西駅前から出るスクールバスに乗っていた。学校では英語を話し、英語、算数、理科、ヒンディー語などの授業があった。学校の後は、ピアノ、ドラム、空手、水泳などの習い事にも行った。学校では折り紙を折るのが好きで、いつも没頭して自分の世界に入っていたようだ。あまり口数がなかったので、心配になって医者に診てもらったこともある。母親がいなくて、他人とは家族での付き合いもない。それも影響しているのでは、と思ったこともある。

私は陳明が小さなときから、どこにいても世界のさまざまな言語で話しかけるようにしていた。「息子さんは複数の言葉を全部吸収しようとしているから話さないのでは？」と医者は言った。

3歳半までは自分から話さなかったが、その後話すようになって安心した。でも学校に行くと、静かに折り紙を折っている子どもだった。ノートを全然とらないし、テストの答案用紙にも何も書かない。でも、彼は学習内容をちゃんと理解していたので、私からとやかく指摘したことはなかった。

祭りの手伝いがきっかけで町会に入る

小島町二丁目団地に引っ越してから、私はだんだん周囲の人と交流を深めて社会的になっていった。引っ越してまもなく、団地のグラウンドで年配者が椅子やテーブルなどを運んでいるのを見かけた。おじいさん、おばあさんばかりだったので、聞くと夏祭りの準備だった。勝手に椅子などを運んだりして手伝った。夏祭りの本番も息子とたっぷり楽しんで、片づけも手伝った。

祭りが終わり、実行委員の一人だった三井さんという女性から反省会に誘われた。それで団地の集会場の和室に入ると、先に座っていた年配の男性が突然三井さんに怒った。

「反省会に外国人を連れてくるな！」

でも三井さんは負けない。

「頑張って手伝ってくれたし、ここにいてもおかしくない人よ。日本語も理解できるから大丈夫」

すると男性は、「ここは反省する場なんだよ？　そこに外国人連れてくるなんて」とまた返す。

すると三井さんも「彼は日本語できるんだから気をつけてね」と言う。

空気がちょっとピリピリしていたが、乾杯をした。私は初めてなので、「参加させていただいてありがとうございます」と言った。そこから町会の方々との付き合いが始まった。

数日後、三井さんから連絡が来た。

「よぎさん、インド人の方とのトラブルがあるんだけど助けてくれない？」

インド人宅の隣に住む日本人から、うるさいとクレームが入ったらしい。遅い時間にベランダでインド人住人が大きな声で電話していたという。そこで私が仲裁に入り、両者の話を聞いて、「日本人は早寝早起きだから、夜9時以降のベランダでの電話を控えてください」とインド人に伝えて、一件落着した。

それ以来、外国人のトラブルがあると助けを求められることが増えていった。私が引っ越してきたとき、小島町二丁目団地の1500世帯中、インド人は100世帯も入っていた。ほかに中国人、韓国人の世帯も多かった。本当ならトラブル対応は町会ではなく管理事務所の担当だが、担当者が英語も外国人のトラブル解決法に関してもよくわからなかったので、町会を通じて私に依頼が来ていたのだ。

2007年4月ごろだろうか、三井さんに町会の総会に来るように言われた。そして、総会の場でいきなり役員に推薦された。「理事になって何をすればいいの」と聞くと、「今までどおりでいいよ」と三井さんに言われた。総会では反対の声もなく、私が理事になった。わが団地の約50年間の歴史で初めての外国人理事の誕生だった。

これ以来、自治会長の竹田さんとも密にやりとりするようになった。竹田さんは優しくて面倒見がよく、だんだんと親子のような関係になっていった。三井さんも竹田さんも当時60代後半だった。

さて、理事になった途端に私の役割が見えてきた。来る日も来る日も、自治会の役員や管理事務所の職員や団地の住民たちが、私のところにいろいろなトラブルの相談に駆けつけてくるのだ。「隣の外国人がうるさい」「隣の家のカレーのにおいが臭い」など……。「あぁ、これが理事に任命された理由か」と悟ったのであった。当時は、私ほど日本語が理解できて、かつ社会活動に興味を示す外国人は少なかった。

コラム
COLUMN

ディワリ祭とは

ディワリ祭はインド最大の祭りで、基本的に5日間にわたって行われる。大昔に印度のラーマー王がスリランカ王との闘いに勝利し、印度に帰ってきたその日を祝うとされている。その前後にさまざまな行事が加わっている。

1日目　ダナテラス　健康と治癒を促す行事を行う日
2日目　ナラク・チャトゥルダシ　怠惰と不正や悪を無くすための行事を行う日
3日目　ラクシュミ・プジャ　富と繁盛の女神、ラクシュミを祭る日
4日目　バリプラティパダ　夫婦間の献身的愛情が増える行事を行う日
5日目　バイ・ドゥジュ　兄妹間の愛情が増える行事を行う日

このような行事を通じて、ディワリとはお金が増え、悪がなくなり、健康になり、家族愛を深めるための総合的な祭りだ。ディワリ祭はインドの正月だと言われるが、実はそうでもない。インド西部のグジャラート州やラジャスターン州の一部において（またネパールもそう）、ディワリ祭を正月として祭る地域も一部あるものの、ほかの場所では新春の時期（3～4月ごろ）に正月を祝うことが多い。そのため主な暦も2通りある。

ディワリの朝は、早起きする。夜明け前にシャワーを浴びないと、死後は地獄に落ちると言われるからだ。これは早起きさせるための脅しだと思う。

起きたらまずはディープ（オイルランプ）に火を灯し、玄関、キッチン、居間、お風呂場など家中のさまざまな場所に置く。電気がなかった時代は必要だったのだろう。それからお母さんが特殊なアロマオイルを用意し、それを少し温めて家族全員の全身に塗る。

実はディワリは秋の始まり。気温の急変に伴う皮膚割れを避けるための習慣であろう。その後、

シャワーを浴びて、石けんの代わりにミルクで溶かした特殊なハーブ（ウトナ）をつける。このハーブは粗くてスクラブ効果があるため、余分なオイルと垢《あか》が落ちる。香りもいい。シャワーの途中、母がディープ（オイルランプ）でお祝いをする。シャワーが終わったらお祈りし、新しい服を着て、家族全員でディワリのごちそうを賑やかに食べる。インドにいれば爆竹を鳴らしてみんなで楽しむのだ。

西葛西のディワリ祭り

江戸川区西葛西では２００４年あたりから、毎年10月ごろに本格的なディワリ祭りを開催するようになった。私は２００６年から参加し、ほかの運営者とともに催しを企画したり、本番で司会を担当した。司会はヒンディー語と英語と日本語の３つを使いこなしながら行った。

　しかしほかの運営者がクリーンではない金銭のやりとりをしていたことが人づての情報により発覚し、そのことに納得がいかず、２０１１年以降、私は祭りの運営から手を引いた。外国人コミュニティの弱いところは、クリーンな心でみんなのために何かを持続的にやり続ける人が少ないことだ。

9

第9章

日本の職場で育つ

直接日本人と働き始めて、日本人とインド人の仕事のやり方がさまざまな点で違うことを発見し、知識面でも精神面でも鍛えられていくよぎ。なかでも二人の日本人上司から重要な教えを得た。

日本のビジネスマンの服装をまねする

「郷に入《い》っては郷に従え」ということわざがある。しかし多様化していくこの社会ではますますスピードが求められ、日々いろいろなことが激変していく。そんななかで、このことわざを文字どおりにただ受け止めるだけではよくない。でも一方で、いいところを理解してまねするのは悪くない。では私のような移民が、日本や日本人をまねるべきことがあるとしたら何だろう。

簡単なことから言うと、服装だ。日本ではみんなが落ち着いた色の作業着やスーツなどを着ていて、全体でなんとなく和が作られているように見える。服にはちゃんとアイロンがかかっていて、日本人は総じて身だしなみがいい。

正直に言うと外から来た私には、日本人をパッと見ただけで、その人が社会的にどのくらいのステージにいるとか、どれほどの給料をもらっているのかがわからない。そういう日本で私がいきなり鮮やかな色の服を着ていたとしたら、もしかしたら心の落ち着きを壊していたかもしれない。それでも私はたまに鮮やかな服を着る。やる気を上げたい月曜日か、1週間の終わり際の金曜日に。

銀行に務めていたときのこと。他部署の同僚に「よぎさんのシャツがカラフルで目がチカチカする」と言われたことがある。確実に嫌味を込めた言い方だとそのときは感じたが、すかさず私の上司が「会議中にいつも寝ているあなたにはちょうどいいかも」と言って私のことを守ってくれた。さすがだなあと思った。

インドと日本の資料作りの違い

仕事を通じて、日本人とインド人の違いについていくつも発見があった。たとえば書類を作成するとき、インド人はずらっと文章を並べていく傾向があるのでワードを好む。しかし日本人はエクセルをよく使う。日本人は情報を表にして体系化するのが好きだ。最初はそれに驚いた。

マニュアルを作るときも、日本人はイメージ画像をたくさん挿入して、その下に解説を入れるのが好き。私にはそういう部分が欠けていたので勉強になった。

ＩＴ関係の技術レベルは、日本人よりインド人のほうが上で、かつ知識が広い。しかしインド人は、自分の働く分野で長々と同じことをやり続けない。インド人は総合的な理解力にすぐれていて、日本人は狭い範囲で深く知っている。

日本人はステップ・バイ・ステップで物事を考えるのがうまい。逆にインド人は、課題があればそれを解決するために、普通のやり方だけではなくほかのやり方も考案する。「おまえら、なんで考えが飛んじゃうの？」と日本人からインド人はいつも言われていた。

ＩＴ業者として日本人のお客さんを相手に

していたときのこと。お客さんは要件の資料を出すまでの時間が長い。一方で、外国人である私たちに対しては、短い納期で仕上げるよう迫ってくる。途中で変更点が出ても納期の帳尻を合わせず、自分たちの締切が遅れてしまったとしても、発注先へは最初に設定した締切を遵守するよう強いた。プロジェクト（仕事）を発注したら、要件の概要をもとに、最初に予算と納期を決めた上で動く。途中で要件が増えても予算も納期も変更できないので、受注した私たちは残業を余儀なくされ、家に帰れなくなる。連続で3泊4日も会社で過ごしたことがある。

お客さんでいる場合は神様、業者でいる場合は独占的な技術の持ち主など、お客さん側に立ったときの日本人の態度と、業者側になったときの態度が結局同じだと感じた。どちらにしても自分が有利になるようにしているのだ。私はかつて業者側の立場にいたので、日本人は身勝手なのではと思った。

また、日本ではビジネスの基本として知られる「ホウレンソウ（報告・連絡・相談）」だが、外国人は知らない。そのため後々トラブルになるケースも多かった。

マニュアルが不要なモノ作り

一方で、日本人上司たちから重要なことを私が学ばせてもらったのも事実である。

２００６年11月から富士フイルムで働くようになった。水田さんという上司にこう聞かれたのが印象に残っている。

「よぎさんはカメラを買ったときに、付属のマニュアルを読んでから使いますか？」

要は、みんなややこしいマニュアルをいちいちすべて読まない。だからそれがなくても楽に使うことができるような、シンプルでいい商品作りをしようということだった。

水田さんや伊藤社長に言われたことは、その後もずっと私の頭のなかにある。自分が書く文章は相手にちゃんと伝わるだろうかと、相手の立場に立って文章を書くようにしている。

日本人はリスクテイクしない

私はソフトウエア業界にいたので、お客さんから何をどう作りたいのかを念入りに聞き出す必要がある。しかし日本人のお客さんの口からは、それがなかなか出てこない。そこで感じたのは、業界にもよるが、日本人は特定の分野のプロフェッショナルではないことが多い。会社に入ると、数年おきに部署をくるくる回っていろいろな業務の経験を重ねていく。つまりある会社のＩＴの担当者がＩＴの専門家だとは限らず、たまたまＩＴ担当になっただけかもしれないのだ。すると基本的な知識はあっても高度な応用力に欠け、それが必要な場面では自ら要件を語れない。

ＩＴ分野の勉強や経験を重ねてきた私からはそう見えるのだが、でも結局、こちらが納品したものが彼らの希望に沿ったものでないと、「外資系のＩＴ会社はだめ」という評価になってしまう。使ううちに、どうしても足りないものが出てきてしまうからだ。日本の業者の場合だと、最初にたっぷりお金を取っておいて、後から足りなくなった作業費を追加することができる。でも、外国の業者の場合はそうは簡単にいかない。

日本人は、先入観や固定概念がわりと強くあるように感じる。変わったことを提案するとき、違う技術を使って違う作り方をしようと言っても、なかなか新しいことをやろうとしない。

現場レベルにいる人は、新しく提案されたことを上へ持っていって承認をもらい、さらにまた上に持っていって承認をもらって、初めて現場で実践できる。でもそれをするのは骨が折れるので、だったら新しいことはしないでいいや、となってしまう。

もしやってみるにしても、失敗のリスクがあれば躊躇する。なぜなら終身雇用の制度のなかで一度の失敗がずっとついて回るから。終身雇用がなくなったとしても、一般的にはリスクテイクしたがらないのではないか。周りを眺めて、成功事例をまねようとする。

物事をチームとして進めるときにはコンセンサス（意見の一致）がいいツールである。今の日本では責任を取りたがらない人が多い。保身のため、自分で判断や決断をせず、みんなで一緒に決めようとする。事前に根回しをしてみんなの合意を取っておいて、自分の思う方向に物事を持っていこうとする人もいる。一方、外国人は根回しというものの存在を知らないし、ダイレクトに話す。必要なときに根回しするということを、私は日本の職場で初めて学んだ。

インド人の場合は、「まずやってみよう」というメンタリティがある。うまくいかなければ違う方法を考えてまたやる。世界のなかでは、インド人が変わっているというよりも、むしろ日本人がすごく変わった働き方をしている。西洋人も基本的に自分で考えて行動する。

外国人は日本人客の要求を拒めない

私のような移民の労働者には、日本で日本人のお客さんから要求されたことに対して、「やりません、できません」と答える選択肢はない。日本人は、アジア人の業者に対しては上から目線になりがちだ。同じ外国人の業者でも、これがアメリカやヨーロッパの人が相手だと対応が違ってくると、現場を見ていて感じた。

また、日本人のお客さんと流暢な日本語で話すと、「この人には何でも言える」と思われるのか、次々に要件や要求が増える。だから場合によっては、日本人のお客さんでも英語でコミュニケーションをしたほうがいいのかもしれない。

では、インド人同士で仕事をするときはどうなのか？　お客さんから要求がまったく増えないわけではないが、相手が日本人のときに比べたら少ないかもしれない。インド人は互いにオープンに会話し、おおらかに物事を進める。要求が増えたとしてもプレッシャーはない。でも、日本人は互いにプレッシャーをかけ合う。

日本人の場合、たとえば、ある事柄をやるか、やらないかを決めるまでに時間をかける。その次に、何をやるかに時間をかけがちだ。やっと決まって実際のモノ作りや外注になると、制作して納品する時間がすでに減っている。そして開発が始まってからもまた要件が増える。結果、作業する側は残業時間が増えたり、徹夜したりすることになる。

銀行の世界でも、開発よりも検証に（必要以上に）長い時間をかけていたが、なぜそんなに時間を無駄にするのかと思っていた。業者にもかなりの負担となる上、時間や資金のロスも半端ではない。安全のためとはいえ、どの工程にどれだけの時間をかけるか、あらためて検証したほうがいいのではないか。

日本で外資系企業は成功しにくい

日本で成功している外資系の企業は少ない。ぱっと思い浮かぶのは、ファッション・ブランドやテーマパークだろうか。

IT業界で見ても成功例は少ない。たとえば、IBMにしても日本IBMはもう日系企業だ。インドのIT企業は日本からの売上が全体の1〜2パーセントだ。でも外資企業は、「日本は経済大国だからいつか花咲かせる」と期待をかける。しかし一定以上の成功は難しいだろうと思う。日本企業は日本企業と「系列」などの関係を作り互いに支え合うからだ。それで日本企業がどうしてもできないことがある場合に、外資系に頼んだりする。それも直接でないことが多い。

私はかつてこんな体験をしたことがある。ある日本企業から私の会社の商品のデモを求められ、その要望に応じた。ところが後日、そのデモで見せた内容で、その企業が別の日本企業に正式発注していたのだ。

日本企業は初めて取引をするとき、「あなたの会社が損してでもやってほしい。あなたのやる気を見せてほしい」と言うことがある。しかし最初であろうとなかろうと、常に互いにウィン‐ウィンのビジネスをすべき。最初に「一度あなたの会社の能力を見せて」と言うのは、おかしくないだろうか。

外国人は使い捨て人材なのか?

昨今は日本社会でも、外国人労働者の話題が増えている。日本や日本企業は、何のために外国人を雇うのかをしっかり理解していないと思えてしまう。海外は、特定分野のプロを求めるスペシャリスト主義だが、日本はジェネラリスト主義。つまり、人を雇ってから、その人に何をしてもらうか考える。だから外国人が日本企業に雇われて、いざ日本に来てみると、契約書にあった内容と違う仕事をやらされて戸惑うことが多い。研修の名目で、単調な作業をやらされたりする。外国人は大学を卒業すると、自分の仕事の分野にプライドを持つが、日本人は言われた部門で黙々と働く。一方で、私は日本人の「みんなで頑張る」という考え方のすばらしさもわかる。

近年だと、インド工科大学の優秀な卒業生を日本の企業が雇いたがっている話をよく聞く。でもほとんどのケースでは、その人たちを雇ってから具体的に何をしたいのかビジョンがない。日本は一人あたりのＧＤＰは高いが、一人あたりの給料は高くない。日本の会社がどういう経営をしているかが、ある程度わかる。日本は先進国かと思いきや、その給与水準の低さを知ると外国人は驚いてしまう。

外国人が日本で働く場合、終身雇用の率は低くて契約社員などが多い。つまり正社員ほどの福利厚生はつかない。「正社員になると毎月の手取りが減るから契約社員のほうがいい」という言い訳を言われることも。たいていはキャリアプランや研修が用意されていない。

社内の外国人材には情報が十分に伝えられなかったり、海外出張へ行かせてもらえなかったりもする。５年経つと正社員にしないといけないことから、４年で打ち切られる外国人からの相談も私はよく受ける。労働基準監督に言っても何もしてくれないケースが少なくない。

地方でよく見られるのは、「難民」として来日した人を雇うこと。低賃金で建設現場の仕事をさせたりもする。インド、パキスタン、バングラデシュ、アフリカ諸国などの「難民」が道路や建物の工事現場にいたりする。インド政府は難民を救うプログラムを行っているので、インドから難民が国外に出ていると認めたがらない。でも日本にはインド系の難民認定申請者がいるにはいる（この話は第10章で詳述する）。

インド料理店で働くネパール人はしっかりした技術がないまま来日してしまう。２０２３年２月、千葉県で24店舗を経営していたネパール人が逮捕された。ネパールから日本へ調理人を連れてきて働かせていたのだが、彼らの在留カードを偽造していたことが発覚した。

１年間で何人ものインド人やネパール人がエージェントに大金を払って、日本のビザをもらって来日する。入管の職員は本当に不正を見抜けないのだろうか。特定の会社、飲食店または行政書士からのビザ申請が必要以上に多いことに気がつかないわけはないと思うのだが。

配偶者の雇用問題

移民の問題は、移民の家族の問題でもある。自分が日本で働くという心構えがあって来日した外国人は、自分で言葉を学んだり会社で研修を受けたりする。しかしその人についてきた配偶者と子どもは、そうはいかない。いきなりの見知らぬ日本で、なかなか社会に溶け込めず難しい問題に直面していく。

一般的に、低所得のインド人の場合は配偶者を連れてこない（例外として、ネパール人の場合は配偶者も連れてきて二人で家計を回すことが多い）。高所得者は家族を連れてくることが多いが、配偶者を大卒の高学歴である場合が多い。しかし日本に来ると、日本語ができないからすぐには働けない。自分が持つ経験や才能を活かせない。日本語を覚えたくても、地域のボランティア教室では進度が遅すぎる。でも1時間2000〜3000円も払ってプロから学ぶ覚悟はない。人によっては、新しい言語を学ぶためのモチベーションが足りない。

ハローワークでは半年間の日本語講座を無料で提供しているが、この制度についての周知が足りないのと、募集人数も限定的である。受講者には焦りがあって3〜4カ月で辞めてしまう人もいる。もうこの程度で働けると思ってしまうのだ。それもまたよくない。

ハードに強くソフトに弱い日本

2015年3月、中国で事業展開するイトーヨーカ堂が苦戦し、北京4店舗目を閉鎖した。その日、私はノートにこんなメモを書いた。

「数年前、中国政府からの申し出により中国進出を果たしたイトーヨーカ堂。新鮮な売り場やメイド・イン・ジャパンのブームに乗り、早くも8カ所の出展を成し遂げた。ただし北京オリンピックを境目に、同業間の競争激化やEコマースの発展による消費ルートの多様化などが響いてきた。中国イトーヨーカ堂の日本人幹部がいろいろな手を打ってみたが、うまくいかない。競争相手のペースが早くて、失ってしまった客を戻せなかった。事業規模を8店舗から4店舗にまで縮小した。そして、ここからの道程も楽ではない」

この事態について私はこう思った。今までの日本を考えてみると、日本は目に見えるもの（機械、車、家電など）には強い。でも目に見えないもの（ソフトウェア、グローバルマネジメントなど）については弱い。また、独占的な分野ならリードをしているけれど、競争相手が出てくると迷い込んでしまう。たとえば国内の車産業なども、それぞれのメーカーが何か独占的な機能を開発し、ストレートには勝負しない。

日本の企業はグローバル競争に対し、本当に対抗できないのか？　私はそうは思わない。競争に勝ち抜くために何が必要なのかをよく考えて、適切なスピードで行動すればいい。遅くてもだめだし、早すぎてもだめ。日本の携帯電話業界はこのどちらにも当てはまる。早くから携帯電話にいろいろな機能を作り込みすぎたから、客はシンプルな海外製のものに流れた。そしてその競争に対する現在の対応は逆に遅く、挽回できなくなっている。

実はその裏に、もう一つの問題が潜んでいる。それは、ユーザーつまりお客さんの声に耳を傾けなくなっていること。お客さんが何を望んでいるのか、よく聞かないこと。年中たくさんのクレームが入っているだろうけれど、そのデータを分析し、それを効果的な製品化や事業計画につなげていないように見受けられる。

中国の小米《シャウミ》という携帯電話メーカーは、お客さんが要望を書き込めるウェブサイトを立ち上げた。すると1日に数百件ものリクエストが届き、そこにある声を製品化につなげた。もちろんすべての要望は反映できないが、結果として世界3位の携帯電話メーカーに躍り出た。同社は有効な機能を提供するだけではなく、意味のない無駄な機能を省くことにも成功した。

一方、日本の大手銀行の例を見てみよう。系列内の企業とのギブ・アンド・テイク関係が成立していて、内部経済がしっかり成り立っている。お客さんである企業、そして業者となる同じ企業。私は初めは違和感があったものの、このようにして企業経済が安定するのなら、いいのではないかと思うようになった。でも、もともと相互のメリットのために結んできた系列関係が、いつの間にか互いの成長を阻むものになってしまっているケースもある。

顧客が求めるものに焦点が当たることなく、系列企業が何を提供できるか、それに基づいて成果物が決まってしまう。組織全体が変革や変化についていけるかも当然考えるべき点。だけれど、内部のことに惑わされすぎた場合は、外部に対する競争力が弱まるので要注意だ。

素直な気持ちで考えれば、物事が多少複雑に見えても単純化ができるはず。そうすればやることも明確化し、実現しやすくなる。でも、日本には物事を必要以上に複雑かつ難しくして処理しようとする文化がある。なぜなのか？ それは日本固有の同調圧力を無意識に感じているがゆえの、無意識の保身なのだと思う。

日本企業が世界での競争に耐えるために、勝ち抜くために、もう一度原点に戻る必要がある。そして素直な気持ちで課題に取り組み、やるべきことを決め、スピーディに前進すべきだ。

大手IT企業の経営から学んだこと

時間がさかのぼるが、私にはほかにも経営の経験があった。2014年6月からインド大手グローバルIT企業の日本支社長として働いていたのだ。約5年間支社長を務めたなかで、さまざまな現実が見えてきた。

公共事業なら海外でも地元の企業に発注する傾向があるけれど、民間ならそうでもない。民間企業にとってはグローバル競争に勝ち残ることが最重要で、そのためには躊躇せずに海外の企業にも発注する。

しかし日本の企業には、日本の大手または欧米の業者なら大丈夫という偏った考えが見られる。失敗した場合の自己防衛のためだと思われる。でも、日本の大手企業は新技術に弱く、コストは高い。欧米の企業は新技術に強いが、コストが高い。しかも欧米企業で働いている社員の過半数は、実はインド人というのも大きな事実。私が働いていた金融の世界は欧米から発信される規制や新商品に振り回され、欧米のIT企業はたしかに有利だ。でもだからと言ってインドの企業がだめなわけではない。インドIT企業の弱みと言えば、日本では人材派遣またはお客さんの注文どおりのシステム開発に力を入れ、本当の意味での存在アピールができていない。

私が社長を務めていた会社は、人材の派遣ではなく、金融業界で使える最先端技術のプロダクトを開発・販売していた。創立25年の歴史と一定のグローバル顧客があったものの、日本の銀行・金融機関での販売には成功していなかった。

コラム
COLUMN

インド哲学、人生のサイクル

インドでは、人生が7年ずつの過程に分かれていると考えられている。成長していく過程で、人間は7年毎にギアーチェンジするのだ。深い話なのでもっと詳しく書きたいけれど、ここでは主なポイントだけをまとめる。

第1過程 〈0〜7歳、基本人格の構築〉
親とともに過ごし身の回りの事を吸収し、自分が置かれている環境に慣れていく、最も重要とされる時期。

第2過程 〈8〜14歳、知恵の発達〉
古代では基本的に親元から離れ、アシュラム（全寮制学校）に入り、グル（先生）の指導のもとで物事を覚える時期。反抗期は親から離れて過ごすことになる。

第3過程 〈15〜21歳、自己意識の発達〉
自由研究等を通じて物事を考え、自己意識を構築し、自分の内面を知る時期。結婚して家族を持ってもいい。

第4過程 〈22〜28歳、成熟度の発達〉
社会人としての経験を重ね、自分で物事を決め、独立した生活を望む時期。ただし、職場では上司に従う。

第5過程 〈29〜35歳、自己の理解〉
自己分析を通じて自分自身（内面）を理解し、存在意義を探求する時期。職場では、さらなる活躍をする。

第6過程 〈36〜42歳、精神的な変化〉
外界から得た知識から自分に合わないものを捨て、自分自身で概念を構築する時期。職場では、リーダー役に入る。

第7過程 〈43〜49歳、物理面の変化〉
自分自身の存在意義をもっとも活性化する時期。職場では、マネージャーになり、人の監督や指導に入る。

第8過程 〈50〜56歳、知覚の変化〉
今までの人生や経験を通じて学んだことを反省し、知覚や思考を上げる時期。職場では経営者などになる。

第9過程　〈57〜63歳、自己実現〉

個性化が完成し、統一したパーソナリティとしての自己実現が終了する時期。

第10過程　〈64〜70歳、受入〉

自分と関わりのある人たちに対する受入態勢が整え、みんなの違いを尊重する時期。

第11過程　〈71〜77歳、無条件の愛〉

出会う人、出会う人に対する無条件の愛と受入が現れる。身体的に弱くても、人の心をつかむ力がある。

第12過程　〈78〜84歳以降、真の自覚〉

人生で体験すべきことを体験し、死の方向に向かっているとの真の自覚を持ち、物理的な世界に対する意欲が存在しない時期。

この7年のサイクルのなかで、1年目は恐怖（新過程に対する不安）、2年目は感情（新過程の多少の受入）、3年目は行動（過程を理解する努力）、4年目は調和（過程を理解した上での調和）、5年目は哲学（過程の内面を考える）、6年目は知恵（過程の外側・内側を知ってしまった状態）、7年目は精神（フィロソフィカルになる）というふうに回るとされる。

昔の人は寿命が短くて、現代医学のおかげでそれが延びたという説もあるが、インドの手相学や占星術でも人間の寿命を84歳までと見なし、計算している。ということは、大昔から人間の寿命は長かったようだ。

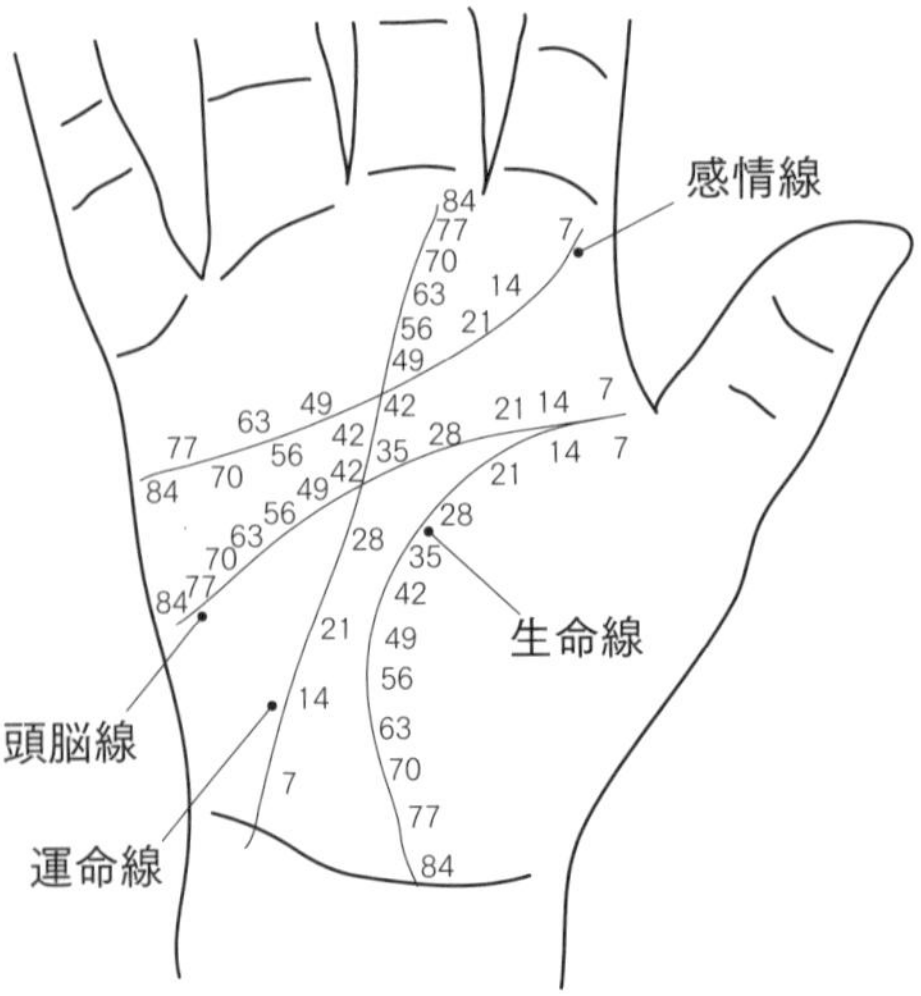

第10章 外国人は日本のマナーを知らない

団地では当時、2割以上の世帯が外国人だった。日本人と外国人の間で起きるトラブルの相談をよぎはよく受けて、両者の立場や気持ちを知っていく。そこでよぎは新たな試みをするのだった。

音のセンスが違う

団地では上の階の住人の足音がうるさくて下の階の住人に迷惑がかかったり、テレビや音楽が大音量だったり、夫婦喧嘩も大声になったり……。そういう生活音に対するセンスが、インド人と日本人では違う。

あるとき団地内の自宅でインド人が友人を集めてパーティーをしていたら、隣の日本人に「うるさい」と警察を呼ばれたことがあった。警察はパーティーに来ていた客に「もう帰るように」と促した。私は連絡を受けて現場へ向かい、「それは不当ではないか」と警察に異議を示した。もちろん騒音が出たら声を小さくしてほしいと注意されるのは理解できる。しかし、だから今すぐ帰ってくれと警察に言われるのはちょっと違うのではないかと。

海外の家と日本の家は造りが違う。公団の場合、世帯と世帯の間に頑丈な鉄筋コンクリートが入っていなくて音が漏れる。でもインドや中国の建物には入っていて、世帯と世帯の間の壁が厚い。そしてインド人は外から聞こえてくる音を気にしない。こういうときに文化の違いを感じる。

インド人の夜散歩

インド、タイ、ベトナムや中国南部などの街は、日中は暑いので夜になると街が賑やかになる。涼しい風を感じながら、星空の下で、屋台でご飯やデザートを食べる。気楽におしゃべりしながら一日の疲れを吹き飛ばす。日本にはそんな場所がない。公団の団地の場合、インド人やその他の外国人住人は夕食後に団地内の敷地で散歩をしておしゃべりする。

すると団地の1階や2階に住んでいる日本人、とくに年配者からよくクレームが来る。インド人がジョークで笑い合ったり、子どもたちが鬼ごっこして走ったりすると、通報されて警察が駆けつけることがよくある。

コミュニケーション下手な日本人

日本人は、最初は不満があっても我慢する傾向がある。何か嫌なことが起きてもすぐに「困っている」とは口にしない。相手が外国人だと躊躇する人も多い。言葉の壁もある。公団には外国語ができる日本人が少なく、外国人とコミュニケーションを直にとれない。だから話すことのないうちに、自分のなかに不満がどんどんたまり、ある日爆発してしまう。そしていきなり差別的な発言や行為につながってしまう。

日本人から、「島国根性だから」と言われることがよくある。でも、これから日本はさらに多様化していくと思うので、何か不満を感じたら、口にしていくほうがいい。

たとえば、駅のエスカレーターで中国人が右側に立っていたとき、そばにいた日本人が「チッ」と舌打ちした。しかしその舌打ちの意味は外国人に伝わらない。「東京では左側に並ぶので、左に立ってください」とシンプルなコミュニケーションをするか、身振り手振りで表現すべき。そうすれば大きな対立を防げる、と考えるのは甘いだろうか。

自転車事故は大きな問題

外国人は日本の交通マナーを知らない。横断歩道を渡るとき、信号でボタンを押すのは日本独特と言っても過言ではない。そしていちばん問題なのは自転車の乗り方。どういう歩道なら自転車で走っていいのか、ルールがたびたび変わるのでわかりにくい。自転車に乗りながらスマホを操作する外国人もいるが、事故が起きかねず危ない。実際に事故を起こして裁判になったケースも多数ある。

外国人が日本人に少しでもぶつかったりすると、補償問題に発展することが少なくない。日本人が警察を呼んだり、保険会社を呼んだりするためだ。とくにアジア系の外国人はこのようなことに困惑する。インドでは道でぶつかっても、大けがや命の危険などなければ保険会社も警察も呼ばない。互いに話して、事故の目撃者がその場で審判を下して終わり。いちいち警察や保険会社を呼ぶのは日本独特なのだ。

また、日本ではちょっとした事故でもすぐ寝込んだり、医者に行ったりする人がけっこういる印象がある。自転車に乗っているのが子どもだったとしても、容赦なく賠償金を求める。もちろん被害者とその権利の保護という視点で考えたら仕方ないことかもしれない。でも、これは海外ではほとんど見られない。インドでは子どもが年配者にぶつかったら、年配者だけでなく子どものこともみな心配する。

日本で外国人が事故を起こし、日本人からお金を求められるケースを実際に私はたくさん見てきた。あるパキスタン人は日本人に自転車で軽くぶつかって、裁判になり、２００万円を支払うことになった。

別の事故では10歳のインド人の男の子が大通りをまっすぐ自転車で走っていて、日本人の女性が横から急に出てきてぶつかった。裁判にはならなかったが、インド人の子の親が責められ、日本人女性に20万円を支払った。ややこしくなるのを避けるためだ。裏には外国人が稼いでいるというイメージもあるのかもしれない。

外国人住民向けマナー教室開催

私が団地で生活していくなかで、驚くことがあった。朝、会社に通勤するときのこと。町会の会長を含む数人が、毎日ゴミ置き場で何かごそごそしていたのだ。何だろうと気になっていたので、聞いてみたら、「外国人の方がゴミを分別しないから、袋を開けてゴミを分別し直しているんですよ。そのままゴミ処理場に持っていくとトラブルを起こすから、それを避けるためにね」と言う。

それを聞いて、とても恥ずかしい気持ちになった。会長が自らの手で他人のゴミを分けないといけないなんて……。

すでにいろんなトラブルが発生していたが、ゴミの一件をきっかけに２００８年から団地内でマナー教室を始めた。団地での生活上のルール、ゴミの分別や電車に乗るときのマナーなどを教えた。少しは商習慣などの話も。不定期に開催し、たくさんの人が来てくれた。でも、それでも足りなくてトラブルが相次ぐ。

一つ問題があった。インド人の多くはＩＴ人材。ＩＴ業界の特徴として、短期間の仕事が多く、仕事が終わって3カ月から1年間でインドに帰る人が多い。するとまた新しい人が来てインドに帰国するサイクルが続く。そのため、私の狭い範囲でマナー教室を開催しても足りない。

そこで私から頻繁に情報を届けようと思った。ヤフーのグループメールやメッセンジャー、オルカットを利用して、自分が経験したことなどをコミュニティのメンバーへ一気にメッセージで届け始めたのだ。各ＳＮＳで「江戸川区に住むインド人（Indian Community in Edogawa）」というグループ名で運用した。

まずはゴミの分別について、英語で発信した。子育ての情報なども頻繁に書いた。情報をシェアすること自体にはお金はかからないし、文字を書くことは自分の得意分野だ。

こうしているうちに私が気づいたのは、言語の壁があるために、ほかのインド人は私ほど日本の文化や習慣を理解していないということだ。日本語が話せないインド人たちからやたらと問い合わせが来るようになり、気づけば私は日本人コミュニティとインド人コミュニティの間で仲介役を担うようになっていた。

ところで、なぜ日本人はマナーを守るのか？　海外では日本人の愛国主義が話題になることがある。日本人は国を愛しているからルールやマナーを守り、それゆえこんなに規律正しい国民性が育まれたのだという話だ。はたして、本当はどうなのだろうか。国を愛している部分もあるにはあるが、日本は学校教育のなかで、児童・生徒に一定の習慣や集団的意識を刷り込む。その習慣の多くは墓場に入るまで守られる。学校教育の影響はかなり大きい。また、日本人は周りの目を気にし、自分だけが違ったことをすれば、仲間から除外されてしまうと恐れているようにも見受けられる。おかげで日本は安全な国と言われるし、海外からの旅行客からも好まれている。

国際的な夏祭りと日本語教室の開催

町会では、夏は盆踊り、冬は餅つきが大きなイベントだった。夏祭りでは、盆踊りが始まる前に子どものための遊びと、30分使ってインド舞踊などを催すようになった。そこで、「韓国や中国の催しもやったらどうですか」と提案すると、町会の人たちは渋った。わが団地には多くの韓国人や中国人が住んでいて、江戸川区には朝鮮半島の出身者が多くいるのに。

そのころ私の母はインドと日本を行き来していた。インドで父親が2001年に事故に遭い、その後右半分の身体が麻痺して、次第に寝たきりに。母もあまり日本へ来られなくなっていたが、2007年に来日した。

母が日本語を話せないのがきっかけで、私

はわが家で日本語教室を始めた。平日昼の時間に、鈴木さんや橋田さんなど江戸川人生大学の卒業生が5、6人交代でほぼマンツーマンで教えてくれた。主にインド人コミュニティの女性たちが来るようになった。

私もボランティアで日本語を教えた。自分の知っていることやできることをほかの人と共有していくことが、私にとって大きなモチベーションになる。人にお金をかけることよりも、お金がかからないでできることがあるんだったらなんでもやろうと思っていた。

年配者向けパソコン教室の開催

日本人と外国人コミュニティの課題を解決するなかで、団地の理事になって、理事やその周りの人とのコミュニケーションが増えていった。団地の日本舞踊教室に入ったら、年配者ばかりだった。私はゴツゴツ尖ったタイプではないから、みなさんがかわいがってくれた。

年配のみなさんを見ていて気づいたのは、彼らはかつてバリバリ仕事をしてきて、今は人生のピークが過ぎてスローダウンしているということ。金銭的にも時間的にも余裕がある。でも少しだけ、彼らの人生に寂しさも感じた。

町会には舞踊やコーラスの教室はすでにあるが、もっと建設的に時間を過ごせる教室をやりたいと思うようになった。いろいろな案が出たなかで「60歳以上の方向けのパソコン教室」をやろうとなった。

始めてみると、教える私はやる気満々だが、生徒である彼らにはそこまでの情熱がない。

「パソコンは人間みたいなものですよ。人間に大脳と小脳があるようにパソコンにもハードディスクやメモリがある。目があるようにパソコンにもカメラから見る世界がある。耳はマイク。口はスピーカー。言葉で話せないからキーボードがある」と何度か話しても、覚えてくれない。

3カ月くらいやってから、みなさんに何を習いたいかアンケートで尋ねた。すると、「パソコンは少しでいい。あとはよぎさんが話してくれればいい」という答えが多かった。

そうか。考えてみたら、生徒のみなさんは次の就職をねらっているわけではない。当時は年金が安定していたし、時間潰しができたらいいのだとわかり、教える内容と速度を変えた。

ある日、一人のおばあさんのノートパソコンが故障し、電源が入らないトラブルがあった。おじいさんやおばあさんはパソコンが壊れたと思ったら、私が止めてもすぐに新しいものを買ってきてしまう。店の人も可能な限り高いものを買わせる。でもこのおばあさんは違った。「よぎ先生、安く直せるんだったらそうしたい」って。

それで私はパソコンを預かり、数日間格闘した。ハードディスクやメモリの動作を確認し……でも原因はわからず。それでおばあさんに「ごめんなさい、私の力では無理」と言った。すると、「先生、新品を買うお金がないので修理をどうかよろしくお願いします」だって。まいったなあ！

あれこれ試してから最後の手段に出た。ハードディスクを取り出し、写真やファイルなどのバックアップをとった。このノートパソコンはお役目御免にしようかと思っていた矢先、電源コードを代えてみようかと思いついた。するとパソコンが正常に動き出したのだ。

そのときにおばあさんの喜ぶ顔が目の前に浮かび、私の目が涙でいっぱいになっていた。

これをきっかけに、数年前の大学の授業を思い出した。パソコンにトラブルがあった場合は、まずは簡単なことからやってみるべきだと何度も言われた。これって、私たちの人生もそうだと思う。複雑に考える前に「初心に戻る」。単純なことからでいいんじゃない！

パソコン教室は途中から、生徒さんのリクエストでデジカメの悩み相談教室になった。

そして1年が経つとネタも切れてきて旅行に行こうということに。それ以来、春と秋に1回ずつ生徒さんたちと旅行に行くようになった。最初は千葉県の養老渓谷へ行った。名目はデジカメで写真を撮るということで。

パソコン教室は15年以上経った今でも続いている。こんなに長く続くなんて最初は思わなかったが、もう85歳になった三井さんがいつも「次もやるよ！」と引っ張ってくれるのが大きい。

こんな家族体系で本当にいいのか

パソコン教室に来てくれていたみなさんは、家に帰ると夫婦で二人暮らしか一人暮らしの方が多い。教室を始めた当時、いちばん年上だったのは83歳の川崎さんという女性。パソコン教室では、私が言ったことをすぐに理解して覚えてくれる優秀な生徒さんだった。彼女が亡くなったとき、独り暮らしをしていて、そのことがすぐにわからなかった。

ほとんどの生徒さんたちは、子どもや孫と一緒に住んでいない。だから、私のような若い世代との交流を求めているかもしれない。家の外で活動して、人との付き合いを保ちたがっていたかも。私は彼らの輪のなかにどんどん吸い込まれていった。

私も家族から離れてシングルパパの過程を通過してきた。周りの外国人世帯でもおじいちゃん、おばあちゃんがいないところで子育てをしなければならない。待機児童が多く、またインド人の場合は高収入などの理由で子どもが保育園に入れない。

インドだと家族全員で子どもを育てるのが当たり前で、母親と父親だけで子育てするということはあまりない。しかし現代の日本では、とくに東京ではそれが当たり前。子育て中のお母さんに負荷がかかるし、年配世代は子どもを育てる場面がなくて寂しい気持ちになっているであろう。日本はこういう家族体系で大丈夫なのかと思う。

理想の社会って、どんなあり方なんだろう? かつて日本留学時代、ロシア人の同級生オーリャさんが「結婚したら親と一緒に住むべきではない」と主張していたのを思い出す。子育てする間、夫婦のプライバシーがないから自由な時間を作ってあげるべきだ、と。でも私はそれを聞いて、そんなに美しくいくものなのかなと思った。

日本も親が高齢になると同居したりする。しかし親が元気なうちは、子どもや孫が正月にだけ実家に戻ってくることもあると思う。そして正月の実家では、親が頑張って料理して、子どもはそばでぐうたらしていたりする。変だと思う。

うちのインド料理店に日本人が家族連れで来る場合、親が支払いをすることが多いのにも驚く。自分を育ててくれた親に対して、「ここは自分が払うよ」ってならないものなのか?

インドでは、成人した子どもが親に自分の分まで支払ってもらうことはない。親に払わせるなんて罪(宗教と関係なく、インド人としてのマナー)だと思われている。

インド人と日本人では、家族に対する考え方もだいぶ違う。日本人が転勤で海外へ移動になったら、60歳を過ぎた親を一緒に連れて行くことは少ないだろう。しかしインド人は、親を連れて行こうとする。自分が親の世話を焼くことが当たり前なのだ。

また、インドでは子どもが親の前でお酒を飲まない。弟は兄である私の前で飲まない。私は父の前では飲まない。このようにして年上の人に対する敬意を示すのだ。

町会に参加しない外国人

町会には主に年配の日本人が参加していた。全世帯の2割程度の参加率だった。行事の案内など掲示物は日本語のみ。町会の年会費は3000円だが、入るメリットが外国人には見えない。防災訓練などを実施するときも、町会に参加する人には連絡がいくが、入っていない日本人や外国人にはいかない。

そのせいで、町会として外国人コミュニティが何に困っているか、彼らとどうコミュニケーションをとるのかが、いつまでも進展しない問題。これは日本人の若者に対しても同じだ。反面、町会を牛耳っている年配者もいて、若者や外国人が入ってきて今までのやり方を壊されるのも怖いのではないか、とも私は思った。

外国人向け防災訓練の開催

団地の防災訓練で、外国人住人の参加者は私だけだった。これではまずいと思い、私が音頭を取って再び外国人向けの防災訓練をやった。しかし参加したのはたったの15人ほど。私はもっと外国人の参加者が多く来ると期待していたから、少なすぎてがっかりした。災害というものへの意識が低かったのもあったと思う。

町会行事への外国人の参加を促そうと、２００８年から祭りのチラシは英語と日本語を併記するようにした。私が自ら翻訳した。インドはもちろん、韓国など外国人の住人からも感謝された。

最愛の父親の死

２００９年5月31日、父が亡くなった。急な訃報だった。すぐインドへ帰国しようとしたが航空券がとれなくて、6月2日の飛行機に乗れた。すでに父の葬儀も火葬も終わっていた。本来は長男がやるべきことなのだが、弟に頼んだ。

その後2日間だけ、プネで家族と過ごした。そしてその足で、香港とフィリピンに出張した。

出張をやめかけていたが、もし父が生きていたら「行け」と言っただろうなと思った。こうして父の最期の姿を見ずに済んだ私は、父が元気だった生前の記憶しかない。ある意味よかったのかもしれない……。

日本に滞在するためのさまざまな方法

労働目的などで、日本に入国してくる外国人が増えている。彼らの入国可否を決める審査について、今のままだとちょっと不十分だ。高学歴の人に対しては審査が厳しく、逆に技能実習などで来日する外国人の審査は甘いように感じる。

日本は、国として外国人の受け入れ方をもっとうまく考えないといけない。好ましい人材だけ来てくれればいいけれど、実際は偽造書類や結婚詐欺などいろいろなかたちで入ってくる外国人も多い。

一つ気になるのは、日本がインドからの難民認定申請者を受け入れていること。インドからは海外へ逃げないといけない状況が発生していない。インドは広くて、どこにでも逃げられる。さまざまなところに政府やボランティア団体の施設がある。難民キャンプもある。なのに実際は、インドからの難民認定申請者が日本へ来ている。理由は、違うカーストの人と結婚しようとしてたいへんな目に遭ったとか、宗教の問題でインドにいられなくなったとか。

しかし結論から言えば、インドの就職斡旋エージェントに100万～150万円くらいを支払うと申請に必要な書類を作ってくれる。技能の資格認定の場合は、10年間どこかのレストランで働いていたという書類を作る。難民認定申請の場合は、「この人が殺されそうになっている」という記事を載せた新聞やその他の書類を偽造して、「難民」としてインドから脱出した理由をでっち上げることもある。

インドから来る「難民」は、ベトナムやタイ経由で新潟や秋田の港へ入り、「危ないので国へ帰れない」と訴える。その時点では仮の難民登録だが、日本で仕事を見つけて段階的に自分の在留資格を変えていく。エージェントに払う大金は、ふるさとの家屋や農地、家畜を担保に工面している。そのお金を返すまではインドに帰れないので、環境がきつくても我慢して日本に残る。稼ぐすべがなくなったら、罪を犯してしまったり、自殺したりすることもある。

日本に滞在するため残されたほかの方法は、日本人女性にアタックして結婚すること。日本人女性はさほど教育も収入も高くない外国人男性を選んでいるケースが多く見られる。おそらく、そういう男性は自信満々かつだめもとでアタックをかけているのだろう。また女性側から見ると、難しい意見のない、言いなりになる男性を求めているかもしれない。結婚できたとしても、いずれ関係に問題が生じて離婚することが少なくない。日本には生活保護などの制度があるし、バイトをするという選択肢もあるから生計はなんとかなるのだが、子どもがいる場合、困るのは子どもだ。

日本人女性が約100万円のお金をもらって、外国人男性と偽装結婚するケースもある。結婚後、外国人男性が1年以内に仕事を見つけて離婚することが前提。でも、仕事を見つけられなくて離婚できないと、女性の側は「騙された」と被害者意識を感じてトラブルになる（日本人男性のパターンは聞いたことがない）。

無意識の犯罪と警察の荒い対応

意識的に罪を犯す人たちとは別に、無意識に犯罪に手を染めてしまう外国人もいる。日本のルールを知らないからだ。たとえばインドでは人を殴っても、警察を呼ばれたりして罪にされることはないが、日本でそれは許されない。

日本では、外国人が外出するときに在留カードをうっかり家に忘れた場合でも、警察が厳しく対応することがある。昔は家までついて行ってカードを確認し、注意をするだけだった。でも最近はすぐ犯罪化され、20万円以下の罰金や1年以下の懲役に処されてしまうこともある。

私は在日インド人から毎日のように電話やメッセージで相談事を受けている。犯罪になってしまった事例として、どんなものがあるのかを少しだけ事例を紹介したい。

たとえば、インド人のエンジニア男性が一発殴ってトラブルになった件。そのエンジニア男性が来日したばかりのとき、日本にあるインド料理店に行って「チャツネを多めにください」と言った。するとそこのインド人店長がキレて口論になり、ののしり合いとなった。店のスタッフ数人がエンジニア男性を取り囲み、「帰さないぞ。地獄を味わわせる」と脅した。そこで互いに一発ずつ殴り合ったという。

飲食店側が通報し、エンジニアが勾留された。エンジニアには前科がないので、このまま許されるかと思ったが、警察署で「この団地に住んでいるインド人に関するクレームが多すぎて、僕らも困っているんです。なので今回こそ教訓を与えさせてもらいます」と言われた。それを聞いて私は「教訓を与える相手が間違っていますよ」と言い返した。

エンジニアは10日間の勾留後、10万円の罰金となった。すると今度は飲食店側が民事裁判を起こしてきた。全日本インド人協会の理事とともに仲裁をしようとしたけれど、飲食店側は大金を手に入れようとした。日本に長く住んでいて、日本の法律の抜け穴を知っていた。その後、私はエンジニア側に立って、弁護士を使わず、保佐人として答弁をした。こんなことを経験して、優秀なエンジニアは日本から離れた。

また別の例だと、インド人の母親が子どもに行ったしつけがトラブルに発展した。そのインド人の母親の子どもにはＡＤＨＤ（注意欠如・多動性障害）があり、親や先生の言うことを全然聞かない。ある日、学校の先生に散々言われ、子どもと帰宅した母親は子どもに勉強をさせようとした。でも、子どもは勉強より先に遊びに行きたいと言う。怒った母親は熱いフライ返しを子どもに当ててしまった。

インドであれば、その母親が子どもだった時代は虐待には当たらない体罰だ。でも今回はこの子が暴れて大きなやけどを負い、翌日の朝、病院へ連れて行って薬をもらった。その後、子どもが登校すると、インド系学校の日本人の先生が子どものやけどのあとを見て通報。母親は２カ月間勾留された末に強制的に国外退去となった。父親も退職し、家族でインドに帰国した。

その母親には二人の子どもがいるが、二人目の子どもは全身麻痺の状態。母親はこの事件が起きる１カ月前、自ら児童相談所に「自分がこの先、子どもにキレてしまうかもしれなくて心配だ」

と相談したが、十分な対応を受けられなかった。警察沙汰になってから児童相談所は計画を出し、この家庭を支援すると言ったが、警察も裁判所も聞いてくれなかった。

彼女の勾留中に私は毎週のように彼女の面会に行き、何度も警察に釈放を求めた。父親はエンジニアだが、夫婦ともに日本語ができない。通報義務があるにしても、事情も確認せず通報をした学校に対して私は怒りを持っている。学校側は「その日は父親に電話したが、つながらなかったので110番した」と言う。父親は「学校から連絡が来て呼び出されたが、仕事が忙しくて行けないので明日行く」と答えたらしい。電話を受けた記録も見せてくれた。

機械的に通報するだけが学校の役割なのだろうか。もっと思いやりを持って、生徒に付き合ってほしいと思う。そもそも母親が子どもにキレてしまったのは、彼女がその直前に学校へ呼び出されて、「お宅のお子さんが授業中に着席しないので困っている」と一方的に言われたためだった。ちなみにこの子のＩＱは驚くほど高い。学校の授業がつまらなく感じると、子どもはずっと訴えていたという。

外国人と児童相談所の役割

外国人家庭の子どもはさまざまな問題で困っている。貧困が原因で十分なご飯が食べられない子や、ネグレクトのケースもある。とくに移民の二世代目は生活や教育の場面で苦労する。このようなケースでは児童相談所に大いに期待したい。

ただし、児童相談所ができてから、親同士が夫婦喧嘩していると、隣人からの通報により、面前DV（家庭内暴力）の名目で子どもが保護されてしまうことがある。

私からすれば、児童相談所は子どもを救うためというより、自分たちの正義を見せようとする。やりやすい案件を選んで対処し、実績にしている。本当に深刻で厄介な案件には介入しようとしない。児童相談所は外国人の考え方や暮らし方を無視して、一律に自分たちの物差しで物事を進める。

こんな例があった。江戸川区で暮らす30代前半の外国人男性と日本人女性の夫婦がいた。夫婦は離婚したが、その直前になぜか奥さんが通報して子どもが児童相談所で保護された。数カ月経っても子どもを男性のもとに返してくれない。私はその男性から相談を受け、彼と一緒に児相へ行った。すると児相の担当者は20分ぐらい男性の欠点ばかりをあげつらった。しかも相手の体面を傷つけるような主観的なことばかりで、私から「あなたの話はもう十分。文句を言うばかりで、解決策はどこにあるのか？」と聞き返したほどだった。

父親がDVをしたという根拠があるのかと私が尋ねると、児相担当者は「それを決めるのは私たちの範疇ではない。警察から情報が来ているので、私たちはお子さんを預かるのが仕事です」と言う。

児相にクレームを入れて担当者を代えてもらった。計画を立てて、3カ月後に2歳の次男が家に帰ってきた。男性はちょっと笑顔を取り戻した。本当に辛かったと思う。

でも7歳の長男は少し発達障害があって、江戸川区で扱えないということで遠方の児童相談所に送られていた。そして父親に、「1年間毎月1回、遠方の児相まで子どもに会いに行って、うまく子どもと接していると客観的に判断されれば、長男を家に帰す」という条件が出された。しかし、父親は車を持っていないし、仕事と次男の子育てを両立しながら遠方の児相まで毎月行くことは簡単ではない。児相からは男性を助けるようなアドバイスは何もなかった。男性によると離婚を促したのは役所の人で、離婚後、妻は生活保護を受けて暮らしている。

第11章 東日本大震災と情報発信不足

2011年3月11日に東日本大震災が発生し、原子力発電所が爆発。その直後、よぎの周りにいたインド人の4割が母国へ帰ってしまった。外国人コミュニティではいったいどんな混乱が発生していたのか？

誰も経験したことのない大地震が発生

2011年3月11日、東日本大震災が発生した。14時46分、私は丸の内にあるみずほ銀行の5階の事務所で働いていた。最初はなんともない感じだったが、だんだん船のように揺れが大きくなっていく。銀行にはスライド式の金属製の書庫がたくさんあり、怖い音を立てながらそれらが勝手に動いた。次長の指示に従い、みんなヘルメットをかぶってテーブルの下にもぐった。

私は家に一人でいた息子のことが心配になった。電話したらトイレにいて、「トイレが揺れている」という。私は電話越しに、「ヘルメットをかぶってテーブルの下に入って」と指示をした。

スマホで新しい情報をチェックしたら、日本より海外からの情報のほうが早かった。津波の情報も、仙台空港が水没した映像も、先に海外から入ってきた。とにかく揺れが止まらない。隣で建設中だったKITTE丸の内の高層階部分にクレーンが設置されていて、それが左から右へ、右から左へと揺れていた。とても現実の光景とは思えず恐ろしかった。

私が住んでいた団地の管理事務所の白井さんと団地に住む三井さんに、息子の安否確認をお願いした。すると「息子さんが1階を歩いている」と言われた。家のなかでテレビや食器棚が落ちてきて、ガラスの破片があちこちに散らかっていたらしい。それで息子が一階に下りてしまったのだ。

私は邦銀の銀行員だったため、自分の意思ですぐ職場から帰宅できなかった。もろもろの安全確認などを済ませてから、17時半ごろやっと会社から出られた。電車が止まっていたので、東京駅から永代通りを歩く。道路が渋滞し、信号機が機能しておらず、街から警察が消えていた。歩道を歩く人が多すぎて、早く歩けない。一人や二人だけで乗っている車が多く、これがインドだったら歩いている人を乗せてくれただろうな、ともどかしく思いながら歩き続けた。3時間ぐらい歩いてなんとか荒川までたどり着くと、あと少しだという感じがした。早く息子に会いたかった。

団地に着いたときはすでに真っ暗だった。家に帰って、まず食器棚とテレビを元の位置に戻して、ガラスの破片を掃除した。ガスが止まっていることに気づき、弁をいじってガスを再開。息子とご飯を食べて、団地の1階にある集会所へ向かった。

大震災の夜、町会の対応

集会所では町会の役員が集まっていた。みんな「さてどうしようか」と、険しい表情をしていた。しばらく話し合い、二人ずつに分かれて団地の全世帯を回り、状況を確認することにした。ガスを再開する方法もみんなで共有した。私は3号棟の各世帯を回り、倒れた家具などを元に戻し、ガスを再開するのを手伝った。

深夜1時半ごろ、ある世帯を訪問すると「ありがとう、怖かった」と言って年配の住人の方から抱きつかれた。彼女の目から安堵の涙が流れた。

朝方には私の分の確認が終わった。5号棟のチームがまだ終わっていなかったので、手伝いに向かった。難しいのがガスの再開方法。この団地は外国人が多かったので、管理事務所からガスを再開する方法が書かれたA4の解説図をもらい、素早く英訳して、日本語と英語を併記したものをすべての掲示板に貼った。

大震災直後の情報不足

インド人コミュニティでは、みんながヒーヒー言っていた。SNSやグループメールには膨大な問い合わせが殺到し、私はそれらに落ち着いて丁寧に答えるようにした。ところが3月12日に原発事故が起きた。十分な情報がなく、英語・多言語での情報も少なく、日本人も外国人も混乱に陥った。

私は自宅で、もう一人のインド人と組んでコールセンターを開始した。コールセンターと言っても、二人の携帯電話番号を公開しただけの即席悩み相談室だ。1日にかかってくる電話は500本以上。みんな放射能の恐怖におびえていた。赤ちゃんや子どもはどうなるのと、涙ながらに聞いてくるインド人女性が多い。在日インド人の海外にいる親からも電話が殺到した。

大震災、津波、原発について、日本のメディアではリアルタイムで情報が流れてこなかった。海外メディアの方が騒いでいた。在日インド人は海外メディアから英語で情報を得ていて、日本のメディアとのギャップを感じてパニックになっていた。とくに赤ちゃんのいる家庭は、原発の放射能で赤ちゃんの命が縮むという噂を聞いて震えあがっていた。ほかにも水や空気の放射能汚染、日本円の下落、経済破綻の恐れ、食糧の不足など、流れてくる多くの噂に翻弄されていた。

「母国へ帰りたい」

「本当に大丈夫なんでしょうか?」

みんなが慌てふためき、泣いている。情報不足で大混乱になっていた。私はそれぞれの噂に対する事実確認をして一つずつに返答していった。それに対して、「ありがとう」というコメントが膨大に書き込まれた。

インド人の部下は会社に来ないけれど……

震災が起きたのは金曜日。翌週の月曜日朝、電車が少し動いていたので私は普通に会社に行った。すると別の大手邦銀のＩＴ部の副部長から電話が来て、

「よぎさん、うちは10人ぐらいインド人のエンジニアがいるんだけど、誰も会社に来ないのよ。彼らとどうやって連絡をとるの？」

彼らはインドのベンダー企業から派遣された人たちなので、営業担当者に連絡したが、本人たちにつながらないらしい。

「絶対に出社しないといけないわけではなく、来ないなら来ないでオーケー。でも来ないとなると別の人を呼ぶ必要があるから、連絡だけは欲しい」ということだった。

原発事故があり、ドイツやフランスの大使館機能が日本から近隣国に移動するという話もあった。これは大変なことになっていると感じた。外国人コミュニティを動揺させるニュースだった。

インド大使館は頼れない

私はインド人コミュニティの主要なボランティア5人と在日インド大使館を訪れ、当時の大使

に面会した。「みんな恐怖に煽られているので、大使からメッセージを出してほしいんです」と頼んだのだ。恐怖に煽られている在日インド人を、噂に流されないよう安心させるためだった。すると、「日本政府から正式な情報が出てこない限り、インド政府としては何も公式に言えないんです」との返事。東京に大使館がありながら、在日インド人に対して何も発信できないというのは残念なことだった。

震災とは関係ないほかのことでも、大使館はいつも親身になって人を助けてはくれない。欧米の在海外住民は「大使館はいつでも自分たちを助けてくれる」と言う。海外で犯罪を犯してしまったら、仮に罪に問われたとしても、大使館が可能な限り積極的に介入してくれるケースがある。まず自国民を守ろうとするのだ。

別途、大使館は飛行機の便数を増やすように努めると言った。赤ちゃんがいる母子の帰国を優先するというのだ。私としては大使館に、まずはメッセージや情報を発信して、みんなを落ち着かせてもらいたかった。でも、インド政府は困っているインド人を帰国させることを優先した。そうなると、ますますインド人が日本から逃げたくなってしまう。

また一方で、西葛西では震災直後に水を買いだめし、30円増しで売る転売ビジネスを始めたインド人がいたのにはあきれた。

被災地への支援

しばらくしてから、インド人コミュニティで「Ｆｏｏｄ ｆｏｒ Ｌｉｆｅ」というグループが立ち上がり、被災地へボランティアに行くことになった。私も参加した。みんなでお金を出し合い、金曜日の夜からインド人の女性たちが料理を作って、土曜日の早朝、主に男性たちが車に乗せて被災地に運ぶ。現地へ着いたらカレーを温めて被災された方々に食べてもらった。ヨーガの先生を連れて行って体と心をほぐすヨーガも行った。被災地では瓦礫の片づけをしたり、被災者たちと交流して、ほかにどんなサポートができるのかを模索した。

トラクターのような頑丈な機械がぐにゃりと曲がってルービックキューブのようになっていたり、民家が数メートル先に移動していたり。東京から来た私でも、震災後の街の姿を見るだけで心が痛んだ。

このグループでは車5〜6台を出して、毎週20〜30人ぐらいが宮城県亘理町などへ通った。夜は車中泊した。私自身も個人で寄付を集めて140人分の布団とシーツを避難所へ送った。

「全日本インド人協会」の構想と設立

インドという国は、一つの連邦国に複数の国が存在するようなもの。州が違えば、言葉（母語・公用語）も衣装も食事も行事も変わる。そのため在日インド人も、州ごとに集う傾向がある。マハラシュトラ州はマラーティー人協会、タミルナドゥ州はタミル人協会など、州ごとの協会が複数存在するのだ。それぞれの協会の主な存在理由は、祭りを開催すること。自分たちで踊りや歌などを催したり、インドから有名人を招いたりもする。

日常的に情報交換や助け合いを行っている協会もあるが、あくまで非公式のもの。助け合いにも限界がある。災害が起きた際、全国どころか東京都あるいは江戸川区に住んでいるインド人にでさえ、確実に連絡する方法がなかった。

地震や放射能の恐怖のあまり、小島町二丁目団地に住んでいたインド人の約40パーセントがインドへ帰国した。日本で定職を得ていた人たちも、その家族もだ。とくに赤ちゃんがいる家庭は動きが早かった。団地ががらがらになっていった。

私がもう一人のインド人と行なっていたコールセンターは、やってみると力が足りないなあと痛感した。東京でやっていても地方には届かない。大使館にも頼れないなら、別の組織を新たに作らないといけないと感じた。

そこで私は、日本にある州ごとの協会のリーダーを集めて、彼らと一つの組織を作ろうと思った。仲間に話したらみんなも喜んでくれた。しかしそれぞれの州の協会長たちは、「おれが次の新たな組織の会長になる」と言い始めた。「新しい組織はいらない」と潰そうとする人もいた。この話し合いを２０１２年から始めたが、なかなかまとまらなくて一度はギブアップした。しばらく黙って落ち着いてから、今度は関係者を一同に集めず、私が個別に話して回る作戦に変えた。

そして２０１７年、ついに「全日本インド人協会」を設立した。このとき以来、私がこの組織の会長を務めている。最初は、会長にはなりたくなかった。自分が作った組織で自分が会長になると、周囲は「そういう目的か」と言うだろうから。でも初期のメンバーたちから、「あなたが各州の代表を集めてくれて、あなたが構想を練っているのだから、安定するまでは会長をやって」と言われ、引き受けた。まず、当時の駐日インド大使と面会し、協会の構想を説明した。２０１

9年2月に全日本インド人協会のオープニング・セレモニーをやった。私は会長を別の人に譲りたいといつも言っているが、まだそうはなっていない。

この協会では、あえて祭りをやらないと決めた。それよりも、建設的な社会福祉に重きを置いていこうと。そして情報の発信と共有が大事だから、情報源としてWEBサイトを作った。

外国人が日本に来る前、来た後、日本から離れた後、何に困るのかをリストにして、サイトで記事を公開している。私を含めた担当者数人で、今でも継続的に情報を更新している。テーマは健康、教育、マナー、住まい、法律、防災、食生活、仕事、結婚など、日常で必要になるものだ。また、日本の10の都道府県にそれぞれ5人（人口が少ないところは一人）の全日本インド人協会の代表者を募り、名前と連絡先を協会サイトに掲載した。相談内容に応じた問い合わせ先を公表している。

また、本協会ではリアルなインドが体験できる「ワン・インディア・フェスティバル」を模索していて、2020年からオンライン配信している。

避難所にも多様性を考慮した環境を用意できたら

日本で災害が発生したら、必要に応じて各自治体で避難所が開設される。その開設委員は、区の職員、学校の職員と町会の役員などによって構成される。しかし、その準備委員とその後に作られる運営班のなかに外国人は入っていない。外国人はほぼ町会に入っていないので、連絡するすべもない。

公団のような大きな団地は頑丈なので、すぐに避難しなくても大丈夫かもしれない。でも外国人はそれすらわからないから、すぐ家を出て避難所を探し始めてしまう。ところが避難所および市の危機管理室のほうでは日本語以外の言葉での対応がされていないのが実情だ。

また避難所では、妊婦や病人をほかの人と分ける対応がないことに違和感を覚えた。

避難所だから一定以上のことを求めるのは贅沢だというのは承知の上で言うと、外国人、とくにアジア圏の独り身女性は、大勢の男性と同じ部屋で避難生活をともにすることが辛い。日本人の女性でも辛い思いをしてきた方がいらっしゃるのではないかとも思う。女性に限らず男性もそう。多様性を認めていく時代で、避難所においても多様性のあるデザインが求められている。妊娠中の方、体調不良の方、年配の方……さまざまな方への配慮が必要になるであろう。

江戸川区の防災無線放送の課題

災害のときには、避難を指示する放送が自治体から流れてくる。江戸川区には戦後から多くの外国人が住んでいるので、２０１９年の大型台風を経験してから、ようやく多言語放送が始まった。最初は日本語に加えて英語。その後、中国語と韓国語も追加された。

しかし英語も韓国語も文法的に文章がおかしい。日本人が読み上げるから発音も聞き取りにくい。私が英語の文面の修正を申し出たことがあったが、それは採用されなかった。地域のネイティブの外国人にボランティアをしてもらい、英語を録音すべきだと提案しても聞き入れてもらえない。韓国語の放送については、大韓民国民団が放送内容を正しく録音して解決した。区の職員の方々が自分の仕事に誇りを持っているという気持ちはわかるが、目的を忘れてはいけない。区民の安全が第一だ。

災害情報、国に求めるもの

災害時は、国がいかにスムーズに情報提供できるかが重要だ。そのためにも多言語の情報発信ウェブサイトを立ち上げるべきだ。一つのサイトで地震、雨量、風速、台風、津波、海、川、電気、水道など、自分の地域の情報が網羅してわかるものがあるといい。そういった試みを実行することが、「世界をリードする日本」へつながっていくと思う。

現状では、川の水位はこのサイトで、地震情報は別のサイトでというふうに、情報の取得先がばらばらなので、それらの情報を一括して閲覧できる全国的なサイトがあることが理想的だ。各自治体の職員が定期的に自分で地域の情報を入力すれば、最新かつ正確な情報が維持できる。また、全国どこからでも見たい地域の情報が閲覧できるというイメージだ。家族が離れて住んでいる場合は役立つ。

避難所の情報も大事だ。人数がいっぱいなのか、まだ受入に余裕があるのか、車いすが使えるか、年配者を受け入れているか、エレベーターがあるか、看護師がいるかなどがわかるといい。

消防団に外国人が入れない

消防団員は現行の法令上、消防吏員と同様に一定の公権力の行使を行う権限を与えられている。

公権力の行使、あるいは公の意思の形成への参画に携わると公務員になるので、日本国籍を有することが必要だ。これが公務員の基本原則なので、外国人を消防団員に任命することは難しい。

２０１７年に、岐阜市が永住者の受け入れを始めた。でも多くの地方自治体では積極的な動きがない。消防団員が不足するなか、地域を守るために、外国人であっても入団を検討していく必要がある。災害は日本人か外国人かを選ばない。災害から地域住民とその財産を守るには、国籍による分断は不要だ。在日外国人は増えているし、不動産を購入して定住する外国人も少なくない。そのような外国人にとっては住んでいる場所が地元であり、その地元に対して地元愛を持っている。

２０１１年の夏祭りをやめるべきか

震災の年の7月、日本全国で夏祭りを自粛する動きが広がっていた。私が住む小島町二丁目団地でもどうしようかと話し合った。私がやるべきだと主張すると、「だったら好きにやって」と10万円の予算をもらった（普段の予算は１５０万円）。私はこの団地だからできる、国際的な祭りをやってみたいと思った。

そこで町会の会長やみなさんの助けも借りながら、小さな舞台を作った。そして10万円のうち3万円で日本舞踊の先生を呼び、7万円でインドと韓国と中国の舞踊団を呼んで、それぞれの方に踊っていただくことにした。先に外国勢の催しを行い、最後に日本の盆踊りで締めた。

さらに別途60万円で、防災グッズのヘルメットと簡易トイレを購入して、町会の全会員に配った。震災直後は大きな余震が続いたので非常に喜ばれた。

しかし年月が経つと、当然防災意識は薄れる。震災直後は多くのインド人が母国へ帰ってしまい、団地に空室が増えたものの、その後また別のインド人や外国人が来日して部屋が再び埋まっていった。新しく来た外国人は震災を経験してないから、その大変さがわからないし、災害キットを用意していない人が多い。それでキットの重要性について、日本語と英語でメッセージを発信し始めた。今も定期的に続けている。また、別問題として多文化共生に向けてみなさんの教育が必要だった。その点、今までの努力が振り出しに戻っていた。ここから再出発だと思った。

コラム COLUMN

インドに行ったら人生が変わる？

インドに行った日本人（や多くの外国人）の人生が変わるという。その逆で日本（や外国）に行ったインド人も人生が変わることがある。なぜかと言うと、歴史、宗教、哲学、聖地、教育、人生に対する観念、価値観、生き方、金銭的豊かさ、国のインフラ、設備、料理、衛生、衣装など、さまざまな観点において両国が完全に違う国だからだ。

インドには世界各国と違ったエネルギーがある。インドに行く人は二つに分かれる。インドのエネルギーをプラスに感じてインドファンになってしまうか、トイレなどの衛生面や気候の不便さをマイナスに感じたり詐欺にあったりして、二度とインドに行く勇気を出せなくなるか。

インドのあり方は正しいか正しくないのか、良いか良くないのか、インドに住んでいるインド人の間ではそのような議論がない。国や政府のせいにすることなく、そのあり方を受け入れ、たとえば道路で物食いをする小さな子どもも笑顔を見せながら生活している。求めるものがなく、欲望がなく、橙色または白色の衣を一枚だけ巻いて、道を歩く修行僧たちがいる。

インドに行くと、自分はなぜ生まれてきたのか、何のために生きているのか、考えてしまう。貧しい人たちを見ると、これでいいのか、自分だけのことを考えて生きていていいのか、心中で深く感じる。反面、小物を創ったり、路上で小物を販売したり、独自の工夫で生計につなげる子どもや大人たちのバイタリティを感じる。学校教育で学べないその創造工夫はすごいなと感動する。

インドの美しすぎる世界遺産などを見ると、人間のことも地球の歴史についても、まだ知らないことが多いなという自分の未熟さを感じる。どのようにして数千年前にこれだけのものを造ったのだろうかと思う。綺麗なコンクリートジャングルを造った国々が本当に先進国なのか、疑ってしまう。千年も健全に立ち続ける建物を今の人間が造れるのか、好奇心がわく。そして、インドの哲学にハマってしまえば、もっともっと知りたくなる。

第12章 在日外国人のさまざまな事情

在日インド人の多くは集合住宅に住んでいるが、日本人と生活習慣が異なるためトラブルも起きる。日本に来たインド人は食生活、娯楽、医療問題などの面で何に戸惑っているのだろうか?

在日インド人コミュニティの住まい事情

日本で暮らすインド人が増え始めた経緯について、ここでちょっと書いてみたい。

東京都の場合は、１９９０年代の初め、在日インド人は目黒区や港区に多く住んでいた。90年代後半になると、コンピューターの２０００年問題の対応のため来日するインド人が増えてきた。彼らの住宅の確保にあたり、いろいろな問題（保証人がいない、民間オーナーが住宅を貸してくれない、退室後にスパイスのにおいが残るなど）があり、難しい事態が生まれていた。

このころは中野駅では飯島兄弟が、千葉の行徳駅あたりにアントン氏がいた。彼らは自分たちが管理する物件に外国人を積極的に受け入れる。さらに、２００１年から、ＵＲ都市機構が保証人の条件を外して外国人入居者の受け入れを開始。その裏には次のような背景があった。バブル期のＵＲ都市機構は、高い家賃で良質な物件を提供していたが、バブル崩壊後は１ＬＤＫで10万円以上だと借り手が見つからなくなった。そのため外国人でも借りやすくなるように、条件を緩和したのだ。そして、英語で対応してくれる仲介エージェントを認めた。

ＵＲの物件をインド系企業に直接営業するエージェントも現れた。アントン氏と荒川氏が英語で対応してくれる。その結果、江戸川区西葛西駅の清新町団地にインド人のエンジニアが多く住むようになった。ここで成功したので、ＵＲは仲介モデルをほかの場所にも拡充し、次々と西葛西、大島、船堀、品川などの団地にも多くの外国人が住むようになった。神奈川県では川崎、鶴見などの団地にも多くのインド人が入居した。

在日インド人の種類

来日して日本で生活するインド人就労者には、二つのタイプがいると言える。一つはＩＴの技術者で、基本的に正規のルートで来日した人たち。彼らは就業期間が最初から決まっていて、３～６カ月程度の滞在なら単身で来日する。半年以上の滞在になるなら家族を同伴することが一般的。家族ビザの手続きに時間がかかり、配偶者と子どもは約３カ月の遅れで来日することが多い。さらに滞在期間がその後１～３年に延びるかどうかが、その後どうなるかの分岐点となる。３年以上となれば日本に永住する可能性も出てくる。ただし子どもの教育面や、インドに残している親の世話、日本社会への不適応などにより、仕事（プロジェクト）が終わればすぐ帰国するケースも多い。独身者なら、親にお見合い結婚を強いられて帰国する人も少なくない。

他方、自営や技能（とくに調理師）の場合、滞在期間が決まっていないので単身で来日するのが普通。実はインド人よりネパール人のほうが、レストランなどを開業する人が多い。理由の一つとして、日本に滞在するネパール人たちには互いに経済的に支援する制度（日本の「無尽講」に近い）があり、助け合うことで、開業を積極的に進めているのだ。しかしインド人の場合はこういった相互支援のシステムもなく、やや消極的だ。技能資格で就労しているインド人は一般的には収入も低く、数千円でも昇給があれば転職するケースが多い。

教育関係者（留学生および教員）は少しずつ増えているが、ほかの職業を持つインド人の来日はほとんどないと言える。近年はＩＴ会社で働きながら、副業で飲食店などを経営する人がちょくちょく出てきている。

在日インド人の日常生活

都内だと、インド人は団地などの集合住宅に多く住んでいる。集合住宅が彼らに好まれるのは、仲介業者が面倒な手続きを代行してくれて、敷金や礼金、仲介手数料が高額にならないこと、保証人が不要なことなどが大きい（ただし近年はURの家賃は急上昇中）。多くのインド人が住めばコミュニティが作られ、雑貨店などが開設され、買い物が便利になるのも魅力。家電や家具はリサイクルショップで購入したり、フェイスブックなどソーシャルネットワーキングサービス（SNS）コミュニティのメンバー間で売買したりする。

しかしインド人コミュニティが団地に定着することにより、日本人居住者から嫌われる行為が目立ってくるのも事実。インド人（外国人）は日本の生活習慣を熟知していない。よって、ベランダで長電話したり、大音量でテレビを観たり、夜遅くに友達を家に呼んで大声でしゃべったり、歌ったり、ゴミの分別や粗大ゴミの出し方を間違ったり、通路などで子どもたちが自由に走り回ったり、夕方遅くまで団地内で遊んだりする。

インド人の子どもは学校からの帰宅が遅い。その後、軽食を食べて、宿題をして、午後5時以降に遊びに行く。6時半を過ぎるころまで遊んでいると、叱られたり、110番をされてしまうことも多々ある。都内のある団地では、遊んでいた子どものママたちに厳しい声で注意するお巡りさんがいた。2日間連続で注意されたので、ママたちから「怖い」という連絡を受けて3日目に私が現場で待機した。すると、同じお巡りさんが来てママたちにまた怒鳴っていた。私が出ていって自己紹介をし、怒りの根拠を尋ねてみると彼はあっさり去っていった。

西葛西の小島町二丁目団地では、2歳児がいるインド人家庭に下の階に住んでいる日本人から「子どもの足音がうるさい」とのクレームが入った。インド人の住人は防音マットを敷くなど自分なりに対策を講じたが、それが足りなかったか、下の階の日本人は鉄の棒でインド人の家のドアを強くたたき、鉄製のドアに大きな穴が開いてしまった。家に一人でいた奥さんは怖さのあまり、その後一人で家にいることができなくなった。そこで私に相談が来たのだが、平和的に解決するため警察には届け出ないことにした。

逆に日本人は警察や裁判が好きな印象が私にはある。小さなことでもすぐ警察に通報し、当事者で話し合って解決しようとしない。

在日インド人の食生活

1999年、日本に留学してから間もないころだった。インドネシアのリタさんが海苔《のり》を食べている。「それなーに?」と聞いたら「海苔よー」という。私はそれまで海苔を見たことがなかった。「食べてみる?」と聞かれ、手にとって嗅いでみた。慣れないにおいで、ちょっときつかった。日本人の仕事仲間と初めて飲んだビールもそう。においも味もいいと思えなかった。

団地に住んでいると日本人の住民からいつもクレームがくる。隣のインド人宅のカレーのにおいがきつい、と。しかし、インド人または外国人側から見ると和食、とくに魚のにおいが辛いのだ。これは大変な問題だ。キッチンのにおいはなかなか止められない。解決法はおそらく一つ。受け入れることだ。場合によって、相手のご飯を食べてみること。意外とおいしいかもしれない。

私は日本に来るまでベジタリアンだったが、次々と食生活を変えていった。それがいいのか悪いのかはわからない。私は「食べず嫌い」は嫌なので、まずは食べてみる、やってみるタイプだ。でも、多くの外国人の場合はそうはいかないのではないか。

ベジタリアンであれば不都合も多い。そもそもベジタリアンである理由はさまざまだ。たとえば宗教、理念、健康、アレルギーなど。だから簡単には変えられない。ベジタリアンが日本に来ると食べ物で困る。コンビニなどには多くの商品が並んでいるけれど、完全にベジタリアン向けのものはないに等しい。それに、表示はすべて日本語なのでわかりにくい。間違って食べてしまい、後悔する人をよく見る。富士フイルムで働いていたときのインド人同僚はミスター豆腐と呼ばれていた。彼はベジタリアンで、職場の飲み会で安全な豆腐ばかり食べていたからだ。

食料品についての外国人の悩みは、自国の食品や香辛料が日本では手に入りにくいこと。また、日本に輸入される品物には母国のような多様性がなく、品質の低いものが多く出回っている。インドでは地域によって米の種類が違うし、食べ方も違う。

でも世界を見て回ると、日本の食品事情はすばらしいことがわかる。日本ではどこへ行っても、和洋中印など世界各国の料理が食べられる。便利だし、どこの店も食べられる味だ。私の舌がおかしいのかもしれないけれど、本場イタリアのパスタ店よりも日本の街角のパスタのほうがおいしいと思う。

外国人の医療問題について

外国人にとって、日本の医療のハードルがけっこう高い。まずは言葉の壁だ。ほとんどの医者は英語で話してくれない。何でもMRIやレントゲンを用いて見つけようとし、機械に頼る。一方、インドだと治療に行けば食事制限のほか運動面などのアドバイスもくれる。そこで今私はインドの健康省にかけ合って、オンラインのセカンドオピニオンのサービスを受けられるようなアプリ制作に挑んでいる。日本の医療費は高いので、とくに歯の大きな治療はインドで行うようにしている。

インドよりも日本の医療がすぐれている面もいろいろある。インドから親を日本に連れてきて治療を受けさせる人もいる。膝の人工関節の入れ替えや、がんの治療は日本のほうが頼りになる。実は6年前から京都府立医科大学の平野滋教授にお世話になっていて、先生に相談させてもらいながら、たくさんの外国人患者の治療をサポートしてきた。ある韓国人の青年は喉のがんで一時声をなくしたが、平野教授のおかげで声を取り戻すことができた。私たちにとって神様のような存在なのだ。

教育と娯楽

子どもの教育に関しては、インド人の場合はインド系の学校に入れるのが一般的だ。ただ、私立で授業料が高いし（毎月7〜13万円）、教育の質についてはインド本国ほどすぐれているとは言い難い。カナダ系またはアメリカ系などのインターナショナルスクールになると、安くても授業料だけで毎月18〜35万円もかかる。交通費や食事代は別だ。かといって日本の公立学校にインド人の子どもを入学させるのは容易ではない。言葉と長期的な進路の問題がある。外国人にとって日本における子どもの教育は深刻な問題で、政府や行政の積極的な取り組みが必要だ。

なかには子どもを日本の公立学校に通わせる親もいるが、たいていはいじめや差別を訴え、インターナショナルスクールに転校していく。私の息子もそうだった。

高等教育の場でもこの問題が見られる。博士課程でもスポンサーを付けないなど、ハラスメントが少なくない。日本のトップクラスの大学では、指導教授からハラスメントを受けて自殺したインド人留学生もいる。親が大学側に調査を依頼しても、ご遺体をさっさとインドに返されてしまった。ご家族が独自に調べたところ、ほかの生徒の話からも同教授のハラスメント体質が明るみになってきた。でも、そこから先の身動きがとれず、そのうち家族全員の精神状態が悪化してしまったという。

医学博士を取得して、日本で働く夫と来日したインド人女性のケースもある。彼女が言うには、「すごく期待を持って日本に来たけれど、いくら就活しても日本の大学で研究しながら教授のアシスタントをするしかなかった」。教授の論文をきれいな英語にして発表する手伝いをしていて、たまに大きな失望感を覚えると言っていた。

娯楽に関しては、日本のテレビを見ても、言葉がわからないのであまり楽しめない。近年はインドのケーブルテレビに加入する人も多い。ＮＨＫは外国人にも受信料の支払いを求めるが、日本語を理解できない者にとっては無駄な支出を強いられていると感じてしまう。

都内に住むインド人においては、出身地域ごとに組織（協会）が作られている。タミル州の出身者は「タミル人協会」、ケララ州出身者は「ケララ人協会」というように。そもそもインドは各州ごとに言葉も生活様式も伝統文化も大きく異なるため、このような組織が必要なのだ。各地の祭りの開催を行う一方、伝統文化の継承にも取り組んでいる。インドにいれば、祖父母が孫に神話などを通じて道理・道徳や歴史・文化を伝えるのが一般的だが、小さいころから日本で暮らす子どもたちは母国の言葉や文化に触れる機会を失ってしまう。

近年はコミュニティ内の習い事が増えている。インド人の先生にとどまらず、日本人がインドでインド音楽や古典舞踊や言語を学び、日本で教室を開く例も多い。

インド人社会と日本定住の課題

ネパール人やパキスタン人と比べれば、インド人は日本に定着する率が低い。さまざまな理由で帰国してしまう。たとえば日本の生活習慣や商習慣が合わない、子どもの教育が心配、親の世話など。日本の企業で昇給昇格が期待できないことや、契約社員からの失業、病気、見合い結婚なども理由としてある。花粉症に患ってしまって帰国するインド人もいる。

技能資格で就労している場合、失業すると転職のすべもなく途方に暮れる。貯金も少ないため、インドへ帰国するのも難しくなったケースがある。さらに就労先の飲食店などの経営が不安定な場合、インド人調理師への給料の支払いが滞ったりする。給料不払いにどのように対応すべきか、調理師たちは困ることになる。

ホワイトカラー系の職場でもインド人と日本人の行動様式が合わないことが多い。また昇給や役職の昇進も限られており、その結果、欧米やオセアニアへよりよい職場を求めて転職していくことになる。長期的なキャリア形成を考えると、インド人にとって日本の職場はなかなかプラスになりにくい。

ＩＴ関係の仕事で働くインド人の妻たちには、別の問題もある。たとえばインドであれば、子育ては祖父母その他も協力するのが一般的。でも日本にいたら自分一人で子育てすることになる。負担が大きくなるのと、自分のキャリアを完全に捨てるしかなくなる。

ただしインド人にとって最近はいい傾向もある。日本の企業や外資系企業がインド人を正規採用することが多くなったことだ。正規雇用で収入や身分が安定すれば、日本に長期滞在して、家族を日本に呼んで生活をともに送ることができる。さらに自分の子どもを日本の公立学校に入れたり、マイホームを購入したりと、定住化の方向へ進むことができる。こうしたことから在日インド系定住者が少しずつ増えている。

このように外国人が増えているという現状があるから、日本は今すぐ対策をとらないとこの先まずいことになる。入管法・難民認定法の改正案が国会にかけられているが、現在も千葉や茨城の刑務所に外国人がたくさん入っている。その多くは不法入国や不法滞在の事案だ。強制退去にもいろいろな制約があるし、送還にかかる費用は日本と送還先のどちらが負担するかという問題もある。

外国人と日本人が交流できない理由

インド人の子どもは日本人の子どもと遊ぶ機会がない。いちばん大きな原因は、子どもや親同士の間に共通言語がないことだ。また、たとえば子どもの父親が日本企業で働いているなら、父親は日本に来る前にある程度日本のことや日本語を学んでくる。しかし同伴の母親はそうではないことが普通。すると公園で日本のお母さんとインド人のお母さんが居合わせても、会話が生まれない。だから子ども同士も交わらない。とてももったいない気がする。

江戸川区に多くの外国人が住んでいる。2023年現在は約4万人で人口の約6パーセントに当たる。中国人は約1万7000人でいちばん多く、インド人約6000人、韓国人約5000人と続く。それなのに江戸川区は、日本人と外国人が交流する機会を作り出せていない。区には、「多文化共生」を担う部署があるにもかかわらずだ。

私は2006年からの5年間、毎年1回江戸川区の西葛西で開催されるインドのディワリ祭の企画に関わった。しかしこれは必ずしも、理想的なものにはなっていない。今や1日に1500人が訪れるも、うち1000人以上がインド人。別の地域から来る日本人が200~300人で、地元の日本人参加者は50~100人にすぎない。地元の人からすれば、大きなボリュームで音楽を鳴らして「うるさいなあ」という感覚かもしれない。地元の人たちに楽しんでもらえなければ、多文化共生を進めることができない……。

インド人と言えばクリケットが盛んだ。今は関東地域に50以上のチームがある。インド人、パキスタン人などが盛り上げている。私も２００６年から清新町クリケット・クラブ（ＳＣＣ）でプレーしてきた。年中に及んで数多くの練習試合や大会が開催されるが、日本人の参加はほぼない。さほど知られていないかもしれないが、クリケットの男女日本代表やアンダー19代表もいる。男子アンダー19はワールドカップへの出場、女子代表はアジア大会での優勝経験がある。

難しいのは、クリケットのために自由に使えるグラウンドやネットがないことだ。いつも野球場が空いているときにこそこそ利用している。

第13章

外国人児童の教育問題

息子が中学校で先生によるいじめを受けていることが発覚。親子でいろいろ悩んだ末、息子のイギリス留学を決めた。この経験から見えてきた教育の課題とは?

インド系学校でのいじめ

２００６年から息子の陳明が江戸川区内のインド系の学校に通い始めた。在日インド人児童の多くがインド系の学校に通う。あちこちから集まってくるので、学校から帰宅すると近所で一緒に遊ぶ友だちがいなくて寂しい思いをする。親ができるのは、せいぜい誕生日会を開くことぐらいだ。

ある日、息子のクラスに日本人の子が二人転校してきた。そしてそれまで平和だったクラスでトラブルが起き始めた。インド人の子が基本的にやらないいじめの問題だ。陳明は静かな性格で、折り紙やお絵描きをして自分の世界にいるタイプ。そうなった責任は、私にもあると思っていた。うちには彼の母（私の元妻）がいなくて、普通の家庭環境が提供できなかったのでそうなったのではないかと……。

私の周辺のインド人はよく家族で集う。互いの家を訪問したり、一緒に料理を作ったり、大人がほかの家の大人としゃべったり、子どもたちも交ざって一緒に遊んだりする。しかしシングルパパの私にはそれができなかった。息子と私だけの狭い世界に生きていた。

息子はクラスに入ってきた日本人の子どもからいじめられるようになった。いじめから自分を守らないといけない。そう思った私は、彼を西葛西駅近くの空手教室に通わせることにした。身体的にはもちろん、精神的にも強くなってほしかった。体を動かし汗を流してから、先生はいつも説教してくれる。とてもいい環境だった。

いじめが事件になり、関係ない子が退学処分を受けた

ところが事件が起きた。私が銀行で仕事していたら、午後3時ごろ学校から電話がかかってきた。相手は学校の事務職員だ。「息子さんが学校の壁に穴を開けてしまったので、弁償として3万5000円を払ってください」とのこと。

「どういうことですか？」と私から確認すると、事務職員は詳細を知らないと言うので驚いた。あらためて校長から電話をいただき、息子が怒り出して壁にパンチしてしまったと聞いた。でもなぜそうなったかは把握していない。これが教職員のやることかと私は不満を表した。

家に帰ってから息子とじっくり話した。でも彼は誰のことも悪く言わない。誰かのせいにすることがないので状況がわからなかった。そこで彼のクラスメートの保護者に電話して承諾を得て、10人のお宅にお邪魔して話を聞いた。やっと実態が見えてきた。

事件が起きたとき、クラスに先生が二人いたが、二人でおしゃべりしていた。陳明が折り紙をしていたら、日本人の転校生が彼を「チンチン」と呼んでからかったという。陳明は初め無視していたが、ずっと続くので嫌になって先生に止めてもらうよう告げた。でも先生に無視された。それがずっと続き、先生も対応してくれない。我慢できなくなった陳明が怒って壁にパンチを入れた。壁は柔らかい素材でできていたため、穴が開いてしまった。

私は学校側に調査と対応を求めたけれど進展はなかった。先生たちも事実を隠す。自分の責任を果たしていなかったから、そうせざるを得ないのもわかる。後日、息子と一緒に校長と理事に

会うと、理事が息子への説教を始めた。「このような場合は、怒らないで冷静に対応するんだよ。チンチンと呼ばれたらビンビンと言い返すんだよ」と言う。私は唖然とした。校長も理事も外国人で「チンチン」と「ビンビン」という言葉の意味を理解していないようだったので、私が大人の話を教えてあげた（笑）。

2〜3日後、陳明の日本人クラスメートの母親から電話がかかってきた。「うちの息子が陳明君をいじめたことについて、ごめんなさい。うちの子は退学処分になりました」と。それを聞いて私は本当に驚いた。何も退学処分なんて求めていない。事件を調査して、何が悪かったのかもまだ学校からは報告がない。そもそもいじめていたのはその子ではなく、もう一人の日本人の子だった。

このようなことがあって陳明の転校を考えていた矢先に、教育委員会から手紙が届いた。お子さんの教育を放棄していませんか、という内容だった。教育委員会に連絡して確認したら、帰化したばかりで息子の通学の記録がなかったためだった。さっそく、自宅付近の葛西第七小学校の見学に行った。鈴木校長はとても優しくて、見学後すぐに入学することに。担任の山崎先生は陳明をかわいがってくれて、放課後に日本語と漢字を教えてくれた。見る見るうちに陳明の日本語が上達した。

ちょうどこのころの私はＰＴＡで卓球をやっていて、地域の大会などでも活躍していた。その姿を見て陳明も卓球をやりたいと言い出した。地域で有名な秩父先生のクラブに入部した。すると、中国のＤＮＡのせいか、急速に技術が上達した。でも、練習が足りないし、もともと静かで折り紙が好きだったせいか、サボり気味なところがある。そこで、自宅マンションの12畳のリビングに卓球台と配球マシンを入れ、朝晩の打ち込み練習を始めた。

外国人児童の日本語教育ができていない

私は陳明を、この先日本の公立学校に入れるか迷っていた。それには理由があった。

インド系の学校や国内の国際学校では、日本語での教育はあまり行われない。授業があっても週に1～2コマぐらいで、学内では基本的にすべて英語でやる。

つまりこの子たちは日本語にも日本文化にも触れる機会がない。学校から帰宅して家の近くで遊んでいても、言語の壁があって日本人の子どもとは一向に友達になれない。一緒に遊ぶことすらない。外国人が多く住む集合住宅では、外国人と日本人の子どもが別れて遊んでいるのが普通の光景だ。

自治体によっては日本語の補助教室を用意しているが、家から通いにくい場所にあったり、保護者による送り迎えが条件になったりして、ハードルが高い。そもそも公立学校に入らないと通えない。国際系の学校が増えている昨今、そういう学校の子たちにも開放してもらえるといい。

インターナショナルスクールでの課外教育・部活動不足

国内のインド系やその他のインターナショナルスクールはインフラが乏しく、グラウンドや音楽室などが備わっていない。日本人向けの学校が廃校になり、校舎を貸してもらえたこともあるが、学校周辺の住民から「うるさい」とクレームが入ってグラウンドでは遊べなくなり、撤退を求められた学校もある。このような学校に対しては区からの支援、塗装などの予算も支給されない。生徒の親である外国人が税金を払っていなくて、その権利がないような扱いだ。江東区の廃校校舎で10年ほど続いていたインド系学校もそうなった。このような学校に通う子たちは遊ぶところがないのだ。国によって子どもたちの遊び方が違うし、声のかけ方だって違う。それに対してクレームを言う日本人もいて、難しい問題だ。

外国人児童や大人には遊べる場所がない

日本で暮らす外国人の子どもたちは、近所で気軽に遊べる場所がない。私が子ども時代を過ごしたインドでは、家の前の道路で、暗くなるまでサッカーやクリケットに興じた。しかし西葛西駅の近くにある清新町の小さな公園でインドの子どもたちがクリケットをやっていたら、地元住民から「よぎさん、公園でのクリケットをやめさせてほしい」とクレームの電話がかかってきた。

そこでインドの子どもたちの親に会ってヒアリングしたら、「だったらうちの子はどこで遊べばいいの？」と困惑される。近くの小学校にグラウンドを使わせてほしいと依頼しても、常に区民の予約でいっぱい。サッカーと野球の要望が多く、ほかのスポーツ団体に場所を分けてもらえない。

学校や公園で遊べないだけではない。公立学校の児童と肩を並べて、スポーツの市区町村大会や都道府県大会、全国大会に出場することもできない。江戸川区の住民で、インド系学校に通う兄弟がいた。バドミントンが上手で、クラブ大会ですばらしい活躍をしているが、区大会に出ない限り次の道は開きにくい。私は彼らがインド系学校に通い続けながら、区大会に出られる方法がないか、区の教育委員会に相談した。結論は「あり得ない」だった。そんなに出たかったら公立学校に通えばいいとのこと。その子たちの保護者は日本に住み、税金を支払い、その児童が通学し、スポーツにも励んでいるのに、大会に出られないという制度を変えられないものだろうか。

こういう状況で、外国人児童の音楽やその他の課外教育は進まない。そこには二つの問題がある。一つ目は、国際系学校では課外教育よりも学問のほうが重視される。音楽やその他の科目の指導者を雇用する余裕も、音楽室などのインフラを保有する余力もない。そこまで広い視野でやっていない学校もある。二つ目は、もし学校外で音楽教室やスポーツクラブに通おうとすると毎月1万円以上かかる。家庭によっては支払うのが厳しいからあきらめることになる。

収入、滞在予定期間による児童教育の分断

教育にかかるコストで悩む外国人の保護者は少なくない。すでに述べたように、アメリカ系の国際学校だと月々の学費が30万円ほどもする。インド系の学校だと7~13万円で、それに通学費などがプラスでかかる。仕方なく児童をインド系の学校に通わせている保護者も少なくない。

2000年以降の数年間は、企業が福利厚生の一貫で義務教育にかかる学費を負担してくれたが、近年は自己負担に切り替わった。そしてインド系の学校の学費は課税されるのだ。インド系の学校は「学校法人」として認められ、学費が非課税になる6つの条件をすべてクリアしている

のになぜだろう。

外国人児童が公立学校にまったく通わないわけでもない。ここで国籍、収入、滞在期間などによる分断が発生している。日本滞在が1年未満の高所得者は、子どもの教育環境やスタンダードを保つため、そもそも家族を日本に連れてこない。日本に来る外国人がいちばん気にするのは、子どもの教育の継続性だ。海外での教育におけるシラバス、学内環境、言語環境、学費、教員の指導力や指導法は、日本の教育システムとは何もかもが違うからだ。

一方、低所得者の場合は子どもを日本で養う能力がない。そのため子どもを日本に連れてこない。その変わり、可能な限り家族に仕送りし、母国でいい教育を受けさせようとする。ネパール人やインド人の調理人は、このパターンが多い。ある意味では日本が彼らの次世代に貢献していると言えよう。でも親元で育てられないのはかわいそうだと思う。

低所得者であっても中国人、フィリピン人は子どもを同伴して来日し、公立学校に通わせることが多い。しかし言語力がつかず不登校になったり、進学しなかったりするケースは珍しくない。

低所得者が夫婦で来日して共働きすることも多い。家族としての収入が上がる。そのような場合でも、子どもの高等教育は日本よりオーストラリアやカナダなど英語圏の国々で行う。そのほうが子どもの将来が見込めるだろうからと、もっと楽に生きてほしいという願いがある。私の周辺では、中間所得や高所得のネパール人にもこの傾向がよく見られる。

高所得者のなかで1年以上の滞在予定者は、配偶者と子どもを連れて来日する。そのなかでも会社が学費を負担する場合とそうではない場合がある。多国籍大手企業の場合または職位が高い場合、会社は高い学費でも負担してくれる。そうなるとアメリカ系の学校などに子どもを通わせる。年収1500万円までだと、インド系など比較的安価なインターナショナルスクールを選ぶ。

インターナショナルスクールでの教員不足

インターナショナルスクールは教員の誘致に悩んできた。基本的に国内にいる人材に頼るからだ。海外から呼び寄せるにしても、ビザの取得が困難で、高額な報酬を払えないということで限界がある。学費が高い学校はある程度の人数を海外から呼び寄せ、残りについては研修をさせるなど努める。学費が安価な学校は国内にいる人材、基本的に働きに来ている方の配偶者などでなんとなく対応している。

インターナショナルスクールはスイスのIB（国際バカロレア）やイギリスのIGCSE（ケンブリッジ国際中等教育修了証）のカリキュラムを提供し、インド系など国の色がついた学校の場合はそれぞれの国のカリキュラムも充実している。そのため、誰でも教員になれるわけではない。一定の学歴があって、該当するカリキュラムの経験や知識がないといけない。近年はインターナショナルスクールが増え、人材の取り合いが発生している。

公立中学教師が息子をいじめるも、教育委員会は動かず

2014年4月、息子の陳明は江戸川区の公立中学校に進学した。そして、そこで卓球部の女性顧問からひどいいじめを受けた。日本語がうまく話せないという理由で、卓球をさせてもらえ

ない。「おまえ、だめー！」と何度も大声で怒鳴られたそう。陳明は丁寧語ができないということが最初の理由だった。先生と話してなんとか復帰させたが、埒があかなかった。

その顧問によるいじめはさらにひどくなっていった。息子の指導をしない、大会に出さない、大会に出しても息子の試合だけ無視する、何かトラブルがあればすぐ息子のせいにするなど。いつも笑顔で元気だった息子が日に日に引きこもるようになった。でも、人を責めないという信念を持ち続け、私に何も言ってくれない。

私は息子の件で校長ＰＴＡ会長や教育委員会に相談に行ったが、全然動いてくれない。調査もしない。堪忍袋の尾が切れてしまってある日、東京の裁判所に行って法的に何ができるかを相談してきた。教育委員会に出向き、「先生が謝罪しなければ許さない。裁判で訴えます！」と迫った。

最終的には学校に調査をさせて顧問が謝罪した。その謝罪をもって裁判しようかと。ちょうどその時点で息子のイギリス行きが決まった。日本の中学校を見限り、イギリスの中学校の奨学金試験を受け、合格したのだ。息子が「裁判はやらなくてもいいんじゃないの……」と言うので、結局、訴えることはしなかった。

でも私は怒っていた。一人の保護者として、小中学校のＰＴＡ活動を一生懸命にやってきた。息子が中学1年生のときは学年長、2年生のときは副会長になり、責任を持っていろいろ貢献してきたつもりだったのに。あの顧問は本当にひどいなあと、悲しくなった。ほかの保護者からもこの顧問に対するクレームをよく聞き、「よぎさん、この先生をなんとかしてください」と言うものの、誰も表に出て行動しなかった。

日本の学校教育に感じ始める不安感

同時期、公立学校の教育内容に不安を感じた。学校では子どもに考えさせる教育をしていないのではないか、と。あるとき息子に、中学校での授業の様子を聞いて驚いたのだ。先生は教科ごとに5人くらいずつのグループに何組か分けて、試験に出そうな質問のリストを教科ごとに作らせ、さらにクラス内でそれを交換して勉強させる。先生はそのリストのなかから試験問題を作成するという。

なんでそれが教育になるのか不思議でならない。中学校の段階で必要なのは、子どもたちに課題を与えて、みんなが意見を出し合い、いろんな角度から考えていくことではないのだろうか。

また、教科書の中身を半分も勉強せずに学年を終えて、そのまま次の学年の勉強に移ってしまう。当然学校では勉強が足らず、進学をしたければ塾に通うしかない。本来、学業は学校で完結できるはず。一応息子には公文式教室だけは行かせたが、個人的に塾には反対だ。とにかく、日本の教育に関して「これはまずいなあ」という思いが募ってきたのだった。

雑務ばかりで子どもに向き合わない日本のPTA

4年間務めたPTAの役割についても、疑問を抱くようになった。そもそもPTAに参加する保護者が主にやっていることは、行事の雑務だ。たとえば卒業式では、卒業証書やリボンを作るなど、式で必要なものを準備する。一方で、不登校、成績不振、いじめ、虐待や万引き行為、教員の不親切な態度など、子どもが抱える問題についての具体的な話は一切しない。

海外では、PTAにあたる保護者会はとっても活発な場だ。息子が通うイギリスの高校の保護者会では、学校側と保護者が与野党みたいに対峙して座る。日本から私もオンライン参加したが、保護者はみんな聞きたい放題。たとえば担任の先生が変わっただけで、「何か問題があったのか?」という質問が飛びかう。遠慮せず、あらゆることが公開の場で話される。

反対に日本のPTAの場合は、問題の核心には触れず、丸く丸く収めてくいく感じだ。

私の息子にいじめ問題が起きたとき、PTA副会長である私が会長に対応を求めても、一度だけ学校の管理職と会ってくれたものの、「これは難しい話ですね……」で終わってしまった。

近年メディアでは、学校のいじめの事件を大きく報道することがあるが、表に出てくるのは100分の1、2くらいなのかもしれない。教育委員会にしても、問題を外に漏らさないようにする学校側の「守り神」のようにすら思えてしまう。

日本の教育、学校のあり方を根本的に変えたい! そう思う日々が続いた。

息子のなかには日本の存在がある

移民2世、3世は非常に苦しい思いをする。なぜなら1世の場合は、母国との確かなつながりがある。文化、歴史、考え方、ことわざ、ジョーク、ご飯の食べ方、病気の治し方などの知識が身についている。たとえば私は喉が痛いとき、ターメリックをミルクに入れたり、ショウガで治そうとする。そして日本滞在が長くて、日本の料理、文化、歴史、ことわざなどについても一定の理解がある。自分のなかには二つの国がしっかりと存在している。

しかし2世の息子にはそのアイデンティティはない。インドを知らないし、ご飯もスパイスのことも、お経も詳しくはわからない。でも日本で育ったからといって日本のことをわかっているかというと、それも違う。私の家で過ごしたから、わかっていない。寿司を食べられるようになるのも時間がかかった。息子のアイデンティティはインドでも日本でもない。インドの言葉が私ほどうまくなければ、彼の日本語にことわざやジョークもさほどない。日本語はペラペラだが、微妙なニュアンスの使い分けや深い意味の話はできない。

そしていじめがあり、息子が突然イギリスへ行ってしまった。イギリスの学校の文化祭で彼が何をしたかというと、日本で学んだラーメンを一生懸命に作ったという。そして、日本の浴衣を着ていた。陳明はインドとも日本ともつながりが薄いが、イギリスなどの第三国へ行ったら、インドより日本のほうが強くなる。

日本では言いたい意見が自由に言えない。人との付き合いが自由ではなく、いちいち考えないといけない。その点イギリスは自由で楽しい、周りを気にする必要もないと陳明が言う。なので今は日本に帰ってくる理由が彼にはない。まさに外国人の子どもの教育問題につながる。お金があるエリートの子どもたちは、海外の大学を選ぶ。子どもたちが逃げているわけではなく、日本がそうさせている。

日本の子どもは自己肯定感が低い

ユニセフが先進・新興国38カ国に住む子どもの幸福度調査2020年版の結果を発表した。日本の子どもは「身体的健康」の面では堂々の1位。ただし、生活の満足度や自殺率などから算出された「精神的幸福度」の面では37位とワースト2位だった。新しい友達を作るなど「社会的スキル」の面でもワースト2位だった。

調査結果の内容について、私はすべて納得しているわけではない。しかし現に自殺している、引きこもりに悩んでいる、虐待やいじめを受けている子どもが大勢いる。私たちが、教育方法と内容を変えていき、教科書の枠を超えて、生きるためのコツや人類や自然との調和に向けての教育を行うべきだ。自然界の鼓動を聞き、あらゆる生態系に対する思いやりを育むべきと考える。

子どもの自己肯定感を伸ばし、一人ひとりの子どもがもっと自由に自分の気持ちや意見を表現し、子ども同士や先生が意見を潰さない環境を構築すべき。どんな困難な状況でも冷静に対応できる精神力を育て、競争だけではなく助け合いの教育、差別をしないジェンダー平等および性教育を積極的に行うべきだ。

学校教育のなかで、教員によるいじめをなくし、子どもについては、2週間に1回、自然界の勉強をするとか、互いの悩みを話し合い、自ら解決策を講じていくための「思いやり時間」を作らなくてはならない。哲学やヨーガの勉強もいいし、外に出て樹木を抱くだけでもいいと思う。人間の肺の半分の機能、つまり酸素を作る機能が樹木にあるから、人間とは言わば同体である。

外国人児童の逆方向頭脳流出

19歳になった息子は、イギリスの高校（13学年）を卒業した後、イギリスのノッティンガム大学国際経営学部に入った。将来は国連で働くという夢を持っている。日本の大学も検討したが、イギリスの大学のコース内容がとても充実していて、こちらに決めた。日本のトップ大学の教授も同コース内容を見てそう薦めてくれた。元妻にこのことを報告すると、「よぎさんがいちばんわかっているから任せる」と言ってくれた。最終的には陳明本人の選択に任せた。

息子の経験や、私の周辺で対応する多くの経験から、公立学校でのいじめと虐待が撲滅され、多様性が認められ、生徒一人ひとりが生き生きとする教育の確立が必要だと感じる。そのためにも多言語教育、多言語による教育、グローバル教育、思いやりと哲学の教育を導入すべきなのだ。

一方、国内のインターナショナルスクールに通う子どもの場合は日本語が上達しない、地元の友達が少ない、国内大学への進学は難しいなど、また別の課題が山積している。インターナショナルスクールに通う多くの子どもは海外の大学に進学してしまい、「逆頭脳流出」という現象が発生している。親の世代がせっかく日本に来て頑張っているのに、その優秀な次世代が日本から出ていってしまうという残念な結果になっている。

また、日本は子育てや教育にお金がかかりすぎていると感じる。塾に通わなければいい大学に入れない、それが常識になっていることがあり得ない。大学、大学院までの教育の無償化または負担軽減に向けて国がどのように実現していくかも、考えるべきテーマだ。そして、今後は社会や企業が参加する「共育」という部分も伸ばさなくてはならないと強く思う。

公立学校教育の多言語化

インドでは幼稚園から二つ以上の言語の文字や発音を学ぶ。国立小中学校では歴史・地理・道理道徳などはヒンディー語で、算数・理科などは英語で学ぶ。また、中学校では第三言語（サンスクリット語）、第四言語（現地語）を学ぶ。すると難なく子どもは複数の言語を習得する。ダイバーシティが増していく東京都江戸川区や似たような地域の公立小中学校においても、同じように、英語を促進する二言語教育を提案したい。現状の英語教育は不十分で、かえって子どもに英語に対する苦手意識を与えてしまっているのではないかと思う。

子どもには才能がある。ましてや今の子どもは優秀で、たくさんの知識と情報を求めようとする。国語・母語は国の文化の基盤であることは十分承知しているが、他国の言葉を学習することでその基盤はもっと強化されると私は信じている。また違う観点から、日本語や日本の文化を見つめ直す機会になると思う。個人的には、言語の採点は不要だと考える。教科書もマンガなどを使った面白いものにしていってもいいかもしれない。

公立国際学校の時代へ

一つ、私が提案したいのは公立の国際学校を作ることだ。現在のような公立学校での日本語の補助授業またはカリキュラムの二言語化だけでは、これからの日本を支えられなくなる気がする。

世界や経済の変化はとても激しい。そんななかで日本の研究力、新商品開発能力はどんどん後退している。日本に移住する外国人も増え続け、多くの自治体では2060年に外国人が人口の3分の1を占めるという。一方、公立の学校ではいじめなどの事件が途絶えない。

その意味でも、日本の教育を考え直す時期に来ている。生徒の自己肯定感、考える力、サバイバル力を上げないといけない。日本の子どもは安全安心な環境で育成されているが、近隣のアジア諸国の子どもたちは毎日ハードな環境で育成されている。交渉力、例外対応にもすぐれていて、既成概念にとらわれず課題を解決していく能力を鍛えられているのだ。

私が考える新しい学校のかたちは、国際的で実践的なカリキュラムを導入した公立国際学校だ。生徒は日本人と外国人が半分ずつで、日常的に多様な環境で子どもが育つ。日本語で話し、英語で話し、ほかの外国語に触れる機会もある。外国人が多く住む自治体では、自ら一歩進んでこのような学校をぜひ作ってほしい。国内では学費の高いインターナショナルスクールや私立校が増えている。であれば、文科省が主体となって、新時代に向けたもう一つの国際的カリキュラムを持ってもいいのではないだろうか？

コラム
COLUMN

インドの新教育指導要領 NEP2020

インドは２０２３年6月から新教育指導要領を導入した。幼稚園から高校までの教育を無償義務化し、対面教育と同等の通信教育を導入。教科内容《カリキュラム》を必要最低限なものにし、その代わり批判的思考《クリティカル・シンキング》および経験学習《エクスペリエンシャル・ラーニング》に重点を置く方針を出した。座学時間を半減し、残りの時間は課外・技能教育に使うということでインターン制も導入。

高校では文理分けを廃止し、自由に選択できる3言語と3科目を学習することでマルチリンガルな専門家を育てる教育に舵を切った。言語はインドのさまざまな言葉、英語、複数の外国語から選ぶことができる。定期試験を廃止し、高校卒業まで5回のみ進級試験を行う。試験の評価軸は概念の理解、分析力、批判的思考力にする。大学など高等教育機関への進学率を現在の26パーセントから２０３５年までに50パーセントに引き上げる目標を立てた。

大学の場合は中退しても、1学年を終えた生徒にサーティフィケート号、２学年を終えた生徒にディプロマ号を授与する。単位は全国的なシステムで保管され、たとえ中退して、企業で勤務してから再び同じもしくは違う大学に戻っても良いという構想だ。あらゆる理由で中退する学生に「負け犬」だというふうに思わせないためだ。

校務管理はすでに全面的なＩＴ化が進み、ＡＩの導入を試みる。大学入試を一本化するなど大幅な改革をねらう。社会人に対し「人生を豊かにする」ような継続教育を提供するとしている。

戦後、インドは積極的に教育基盤を作ってきた。インド国立工科大学、国立経営大学、国立医科大学、国立軍事大学とともに総合大学、情報技術校、公立工業短大など教育機関の巨大なネットワークを実現した。１９９０年代まで3校しかなかった国立工科大学は今現在23校まで増え、国立経営大学も3校から21校に増えている。地方や学校教育においても学校インフラおよび教員体制が強化され続けている。さて、日本はこれからどうする？

14

第14章

日本での起業とその苦戦

来日していた母親と私が発熱したことをきっかけに、東京初のインド家庭料理店レカを開店した。開店に至るまでは裁判沙汰も含めて困難続きだったが、必死に働いてやっとつかんだ成功だった。

日本のインド料理市場とその事情

日本人に「インドと言えば何だろう？」と聞いたら、きっと「カレー」という答えが多いだろう。日本に住み始めてから20年以上経った今でも、初めて会う日本人の方から「私はカレーが好きです」と言われることが多い。ほほ笑んで「ありがとうございます」と返す。そして「私も東京でインド料理店を経営していますよ」と話すと……そこから私のカレートークが始まる。

日本でのインドカレー市場は、ナンやバターチキンカレーなどを提供する北インド（パンジャブ地方）風の料理店が多い。１９６０年代から東京を中心に、北インドの料理店が栄え始めた。その当時はまだ珍しかったインド料理を食べるのに長い行列ができたそうだ。１９９０年代後半から、今度は南インド料理がブームになった。西インドや東インドの料理店は１～２軒存在するものの、日本ではそんなに知られていない。

インドの家庭で日常的に食べられるカレーは日本のカレーと違って、数種類のスパイス（調味料）をその場で調合し、具を煮込む。インドにはカレー粉というものはない。そのため毎回スパイスの量にばらつきが出て味も違ってくる。それが3食カレーを食べていても飽きない理由の一つだ。具にする野菜や豆の種類も多いため同じ料理を週に2回作ることはない。またインドのカレーは小麦粉を使わないためサラサラしていて、スープのよう。

そんなインドのカレーも、東西南北で大きく違う。インドは地域によって気候がかなり違い、収穫できるスパイス、野菜、豆や穀物なども変わる。北インドの料理は小麦と米が半々で、料理の油分が多くこってりしている。西インドも小麦と米の両方を食べるが、バジュラやジュワールなどほかの穀物もある。豆の種類が多く、調理では油が控えめ。東インドは米が主食で、マスタードオイルを使った料理が目立つ。魚を使った料理も発達している。南インドでは小麦があまり採れないから、基本的に米料理を食べる。それに気候が暑いので、料理が腐らないように米や豆を発酵させる。調理にはココナツオイルを使うため優しさがある。東北インドでは魚やポークが多く使われる。この数百年の間にインドが中東、イギリス、ポルトガル、フランス、オランダなどに統治され、各地域の料理にその影響も見られる。

そもそもインドカレーはいつ日本に伝わったのか

現在知られている範囲ではインドと日本の交流は6世紀から始まり、仏教やヒンドゥー法とともにインドの文化が日本に伝わった。その時代に日本人学者がインドに留学した記述もある。ただし、カレーは明治時代にイギリスを経由して伝わったとされている。本当にそうなのか、ただ証拠がないだけなのか。日本人学者がインドを訪れた際にインド料理を食べ、日本に持ち帰ることを考えたのではないだろうか。

カレー粉は、インドを植民地として支配したイギリスで初めて作られた。サラサラしているインドカレーと違って、小麦粉でとろみをつけた。１８５９（安政６）年の横浜港開港とともにカレーがイギリスから日本に伝わり、１８７６（明治９）年に札幌農学校（現在の北海道大学）で給食に出された。そしてイギリス海軍を真似して日本海軍にも導入され、軍人の健康に貢献した。

その後、カレーの材料であるタマネギ、ジャガイモ、ニンジンが日本でも北海道を中心にたくさん作られるようになった。また国産の安いカレー粉が広がり、大正時代に今のような日本のカレーライスのもともとの形ができた。イギリスを経由して日本に上陸したインドのカレーが、インドのカレーとも、イギリスのカレーとも違う料理になってしまったのだ。ツェッペリン号が着陸した土浦市にもレンコンを使ったツェッペリンカレーがある。

そんな日本カレーは、戦後、全国の学校給食に採用された。1950（昭和25）年に固形のカレールウと1969（昭和44）年にレトルトカレーが発売されると、カレーは日本人の身近な食べ物になった。今や、豊富な種類の国民食と言われるまで普及している。横浜港が開港した6月2日は横浜カレー記念日になっている。

戦後、カレー専門店が開店し、次第にカレー専門店が増え、欧風カレーにとどまらず、本場のインドカレーやパキスタンやバングラデシュのカレーなど、カレーも多様化してきた。日本独自のカツカレー、カレーそば、カレーうどんなども誕生した。日本のカレーには肉が入っていることが多い。インドの歴史を見るとインド料理では野菜や豆などの使用が主で、肉はさほど使われていなかった。

現在、東京には約1500軒のインド料理店がある。おそらく90パーセント以上の店舗はネパール人が経営していると言われている。近年はITなどで成功したインド人が副業としてインド料理店を構えるケースも増えている。また、日本人の若者が本場のインド料理に興味を持ち、現地に行って修行したりする。帰国してから自分の小さな店舗を持ち、インド人が感心するほどの料理を振る舞う。これからますます多様化する日本、料理を通じてでも、人はますます互いの文化や言葉に触れる機会が増え、多文化共生が進むといい。

インフルエンザのベッドから出店のアイデアが

2012年の夏、インドから私の母が来日した。強いインフルエンザが流行っていた時期で、私と母が見事にかかってしまった。幸い息子の陳明は大丈夫で、同じ団地に住んでいる伊藤さんが「うちでご飯を作ってあげるから心配しないで」と言ってくれた。でも毎日お願いするのも申し訳ない。それで私は陳明にお金を渡して、ご飯を外で買ってきてもらっていた。すると彼はいつもナンとバターチキンカレーを買ってきた。母と私が寝込んで9日目。陳明が買ってくるご飯がきっかけで、こんな会話が生まれた。

「ねえ、ほかのインド人は病気になったらどうするの?」

「どうしているんだろうね? たしかに体調を崩したときに食べる素朴なカレーの店はないね」

「それなら、僕らでそんな店を出そうか?」

「ふーん」

さっそくネットで調べてみると、10万円ほどで合同会社を設立できると知った。地元の司法書士にお願いして定款を作り、うちの母を代表社員にした。当時の私は銀行員で、副業ができなかったのだ。でも母の住民票は日本にないし、印鑑もない。もろもろの手続きを済ませて、2カ月後の2012年10月に合同会社を設立した。会社の口座を開くのに、複数の銀行から断られて時間がかかってしまったが、三井住友銀行がＯＫをくれた。ほかの外国人起業家からも同様の話をよく聞く。こうして会社ができ、実際に店舗のことを考えるスタートラインに立った。

店舗を作りたいが、誰も情報をくれない

ちょうどそのタイミングで、住んでいた団地の1階にあった弁当屋が閉店した。当時の日本人オーナーにお願いして店舗を見せてもらったら、中はとても汚なかった。でも弁当屋だったので、使えそうなガス台や冷蔵庫などが置いてあった。

私はオーナーさんと交渉を始めたものの、互いに意見が強くてスムーズに話が進まない。そこで相手が指定した別の日本人を間に入れて、金額や引き渡し日などを決定した。契約書を作成し、支払いなどを済ませて店舗の鍵をもらった。

後日その店舗に入ると、自分が継続して使おうと思っていた機器類がいくつかなくなっていた。前のオーナーが持ち去ったようだ。私は飲食店経営の経験がなく、ここからどうしようかと頭を抱えた。日本で飲食店を経営している知り合いのインド人に聞いてみたが、返ってくる答えはみんな中途半端。内装、家具の調達、メニュー作成、看板やメニューのデザイン、スタッフの採用、営業許可などやることが山積みだ。「飲食店なんかだめよ、あまり儲からないよ」とアドバイスしてくる人もいたが、私は儲けるために出店を考えていたのではない。インドで食べる本物の家庭料理を日本で紹介したいという、その思いがモチベーションのすべてだった。

内装業者を探し始めたところ、同じ団地に住んでいるKさんが手を挙げてくれた。彼は事務所

を作る経験しかなかったが、私もシンプルな店を作りたかったのでお願いすることにした。実際に作るのは彼の友人だった。Kさんはコンサル料をもらい、調整役をやってくれることになった。その友人と店を下見して、要件や予算360万円などを詰めて契約を結んだ。工期は3週間程度。工事が始まるタイミングで、私は本業の銀行の仕事で海外へ出張することになった。Kさんに「何かあったらメッセージか電話をください」と伝え、出発した。

工事が終わるころに帰国すると、Kさんから追加で140万円の請求書を渡された。「よぎさんが帰国したらすぐに営業開始できるよう、私の判断で追加工事をやった」と言うから驚いた。何かあったら連絡するようにと、はっきり言ってあったのに。それで追加工事の中身を確認すると、最初の見積書に入っていたものばかり。私としては当然、追加工事については認められない。逆に、元の見積書に対して不履行があった。とくに床や古い機器の掃除が残っていた。Kさんにいくら言ってもその部分をやってくれなかったため、最後は家族で完成させた。

お客さんが来なくても覚悟を崩さない

ネットショップで家具を注文し、インドにいる弟に頼んで本場の食器を用意した。母と一緒にメニューを決め、試作し、写真を撮影。ワードでメニューを作って家のプリンターで印刷した。でき上がったのはインドの街角にありそうな素朴な店。どちらかというと食堂みたいなものだ。

そして2013年1月下旬に60人ぐらいの知人を招き、東京都江戸川区の西葛西、インド人が多く住む街で「印度家庭料理店レカ」をプレオープンした。レカは私の母の名前で、点と点をつなげる線という意味がある。２０１３年2月に本格的に開店すると、たくさんの方がお祝いの花を贈ってくれた。

わが店はその名のとおりの素朴な家庭料理の店なので、窯《かま》もなく、ナンやタンドリーチキンやバターチキンカレーはメニューにない。それがわかると、入店した日本人のお客さんが次々と帰ってしまう。日本人にとってインド料理というのは、ナンとバターチキンカレーとタンドリーチキンなのだ。

でもインドでは、ナンを出す料理店はほとんどない。インドの親は基本的にナンに対して好ましくない印象を持っている。お腹にたまって不健康というイメージがあるのだ。その代わり、チャパティ、ロティ、フルカ、バークリ、プーリー、ドーサなど、さまざまなものを食べる。わが店のメインは全粒粉で作るチャパティ。繊維があってお腹に優しい。

次第に、家族と離れて単身赴任しているインド人たちが店に通ってくるようになった。でも日本人客が少なくて、心が折れそうなときもあった。母が「ナンも出そうよ」と言ってくることがあったが、私は「家庭的で健康的な料理を出す店」という考えを崩したくなかった。そこにはこだわりがあり、芯を曲げたくなかった。

最初の口コミとテレビ出演から客足に火が

開店から2カ月が過ぎると、急に日本人客が増え始めた。私の知らないうちに、口コミサイトでレカのページができていて、評価もよかった。２０１３年5月にはマツコ・デラックスさんが

MCを務めるテレビ番組「月曜から夜ふかし」から取材が来た。私は銀行員だったのでテレビに出られず、代わりに息子の陳明が出演。マツコさんが「子ども店長」と名づけてくれた。陳明は、暇なときには店でおばあちゃんの手伝いをよくしていた。おばあちゃんは日本語ができないから、陳明が注文を取り、料理をテーブルまで運び、料理の説明をしていた。たくさんの親子が、店でおばあちゃんの手伝いをする陳明を見に来て、話しかけた。陳明はすっかり店のマスコットになっていた。

わが店の人気に火がついたのは、一人のレビュアーのすばらしい口コミがきっかけだった。おいしくて体にいい料理を提供し、それがお客さんに気に入ってもらえ、書いてくださった口コミによってさらにほかのお客さんに広まる。これ以上のマーケティングはない。

店が人気になるにつれていろいろなレビュア

ーが来るようになった。うれしかった。でも、そのなかに「自分のレビューのおかげでこの店が成り立っている」と勘違いをしているようなレビュアーもいた。レビューを書いて多くのフォロワーがつくと、なかには尊大に構えるレビュアーも出てくる。そして、レビューを書く代わりに、推したい店舗で当然のようにただ食いただ飲みをするレビュアーの存在も知った。そのようなレビュアーからは距離を置くようにした。

内装業者との裁判

開店してから、Kさんは数カ月にわたって追加工事分の費用1400万円を請求し続けた。そして、ついに裁判を起こされた。私にとっては初めての裁判経験だった。レカのお客さんだった山田弁護士と裁判書記官にアドバイスをもらい、弁護士を雇わず自分で答弁することにした。弁護士を雇うと契約金で20万円ぐらい取られてしまう上に、説明などで多くの時間を割かれるからだった。それよりも裁判官に自分の口から事実を伝え、正否の判断は裁判官に任せることにした。ネットで書類の作り方を調べて答弁書を作成した。

いよいよ裁判が始まった。初裁判で緊張のあまり心のなかは空洞化していた。でも、緊張感を見せないよう努めた。私は裁判官の前で淡々と事実を述べた。私のほうから具体的な情報を提示していたが、Kさんの弁護士から出てくる情報はいつも不十分。私は長い時間をかけてわかりやすい資料を作成していたにもかかわらず、Kさんの弁護士は誠実に対応しない。

裁判は1年以上も続いた。月に1回程度で開かれる裁判で、相手側から追加工事について明確な一覧表は出てこない。私は裁判のたびに職場を休んで出頭していた。そこで裁判官に対し、あと1回で結論を出してくださいと強く求めた。そして次の期日で結論が出され、私の勝利だった。追加請求は却下され、元の契約における不履行分に対し約10パーセントの減額が認められた。

インドを知る・インド人を知る

店を始めてから1年以上経って、一つわかったことがある。レカに来るお客さんはご飯だけが目当てではない。私が接客中に語るインドの料理、歴史や文化の話にも興味を持っていた。だって、流暢な日本語で本場の本当の話を聞かせてくれる人は日本にそうそういない。

そこで、「インドを知る・インド人を知る」という題名で資料を作り始めた。お客さんによく聞かれる質問とその答えをパワーポイントでまとめた。宗教、カースト、3日間の結婚式、有名な観光地、インド式教育、占い、各地域のインド人の違い、インド人と日本人の違いなどさまざまなテーマを含めた。すると、日に日にその資料が人気になる。企業から「インド研修」のオファーが増えた。日本の外務省、ホンダ、日立、市役所などで100回以上のセミナーを実施した。

江戸川印度文化センターとガネーシャ祭

店を始めて3年以上経ったころに一軒家を建てようと思った。理由は母の健康上の問題だった。店が繁盛しすぎて、とくに土日は店の前に長い行列ができた。繁忙のせいで、母が2回も厨房で倒れた。2回目のときは40分もの間意識不明になり、正直、死んだかと思った。1カ月も母は本調子に戻れなかった。でも、母は努力家。仕事を辞めると精神的に病んでしまう。そこで、自宅と店の一体化を思いついた。そして、すぐに行動に出た。

2016年に引っ越しを終えた。一軒家の1階は母のレストラン、2階は江戸川印度文化センター、3階は自宅。それぞれ90平米の広さ。銀行から大金を借りて、自分の貯金をすべてこの建物につぎ込んだ。とくに文化センターはインドから高価な木彫りの祭壇、八種類の金属を融合して作ったガネーシャ神像、インドの楽器や伝統衣装などを揃えた。インド人はもちろん、日本人もたくさん訪れて、みんなが集える場を作りたかったのだ。本当は江戸川区の行政に、国際的な文化センターの立ち上げについて継続的にお願いしていた。でもそれはかなわなかったので、ついに自分で作ってしまった。

文化センターではヨーガ、インドの言葉、お経、音楽などさまざまな授業を開始した。さらに文化センターを防音にし、音響装置を導入し、古典音楽の活動を始めた。すべてボランティアとしてやる。この本を書くまでには150回以上の音楽や舞踊コンサートを開催している。インドと日本そしてほかの国々のアーテストが集う場になっている。

インドの地元のプネ市はガネーシャ祭りが盛ん。わが家でも伝統として行われる行事で、古くから受け継いだ女神像がある。ガウリ（リッディとシッディ）という。インドからこの伝統的な女神像を日本の実家に移したことは、プラニク一家としてとても大きな決断だった。江戸川印度文化センターでは毎年の9月ごろにこのガウリを美しく飾ったガネーシャ祭を盛大に祝う。たくさんの方々が見に来てくれるようになった。

15

第15章

外国人と日本人の真の交流・多文化共生

在日外国人の数が年々急増するにつれて、日本語や日本のマナーを熟知していない外国人も増えている。今後、日本ではどのような取り組みをしていけばいいのだろうか?

「リトルインディア」はいらない

江戸川区にはインド人が多く住んでいる。そこで「リトルインディア」を作ろうという話がかつて出たことがある。言い出したのは江戸川区の議員だった。一般社団法人を作り、そこに数人のインド人を理事として加えたいと、私にも誘いが来た。彼の話では、リトルインディアの基本構想とは、インド関連の店舗が40~50ほど集まった商店街とインド式の寺院、インド式の病院を造るというものだった。知名度を上げ、観光客を呼び込み、経済的効果を生むという。

横浜の中華街やシンガポールのリトルインディアをイメージしているようだったが、シンガポールの場合は、歴史的にタミルの一民族が住んでいてタウン化した。中華街の場合は、日本人が日常的に食べるラーメンなどを提供しているので日本人観光客に馴染みがある。

しかし西葛西に住んでいるインド人は、複数の民族の集合体だ。さらにインド料理はそう日本人に受け入れられるものではない。当時すでに10店舗のインド料理店が西葛西にあったが、経営があまり順調ではなかった。でもそういう経済的なことは議論されていなかった。

アメリカやイギリスにあるリトルインディアは汚いし、インドと言いながらパキスタンやバングラデシュ人の経営者が多い。住民が街の衛生を守らず、次第に行政がその地域の管理を放棄し、無視するようになってしまっている様子。道にゴミが散乱し、水道や下水道が破裂している状態。ニューヨークのクイーンズは街がゴミ箱のような状態になっている。シンガポールの場合はそばに大きなモールがあり、訪れる人はモールでの買い物を済ませてからついでにインドタウンでご飯を食べるという流れがある。

葛西エリアでは、まだ多様性が認められているとは言えない。住まいの問題だけでも日頃からトラブルが多いのに、商店街なんて作ったら、低所得者、低学歴者が増え、ルールを守らない人が増え、インド人と日本人との間の溝が余計に深まり、地域の人間関係が崩壊すると思った。

寺院を作る話もあったが、そもそもどの神様を祀《まつ》るのか、土地や建物に必要な資金をどのように集めるのか、そして賽銭箱のお金は誰がどのように管理するのか、何に使うのか。そこのところを疑問視した。でも議員とほかに集まっていたインド人たちの間では、そこまでの議論はされていなかった。

インド式の病院というのもまったく現実的な話に聞こえなかった。インドの医者が日本へ来て医療行為をするのは、日本の制度を変えない限りは無理だろう。また、インドの医者は日本語を学ばないだろう。日本で医者をやるのに日本語のスキルが必要。インド人患者を相手にするにしても。それよりも既存の病院において日本人の医者が思いやりを持って英語で対応してくれれば今のままで十分だ。日本人の医者も多くは英語ができるはず。英語で話そうとしないのはリスクを背負いたくないからか。

そもそも、なぜリトルインディア構想の具体的な内容がこの3つなのかも疑問だった。インド人にもし聞いたら、「日本語教室を作ってほしい」、「保育園を増やしてほしい」、「日本のマナーを教えてほしい」といった答えが返ってくる。それで私はこのリトルインディア計画に対し、住民へのアンケートによる方針改善を提案した。しかし受け入れてもらえなかった。それで、計画そのものに反対することにしたのだ。

江戸川区議会選挙への出馬を決めた

私は区長と地域サービス係に手紙を書き、面会してリトルインディア構想への反対の理由を説明した。リトルインディアの危険について地域住民に訴えた。この行動を通じて、外国人は何を考えているのか、何を求めているのか、分断した社会を避け、何をしたら外国人と日本人の共存だけではなく共生が可能になるのか、自ら行政に伝えたいと思い始めた。それが政治への道を選ぶきっかけになった。

2019年1月、全日本インド人協会の理事二人とともに江戸川区長と面会した。面会が終わってから区役所内の選挙管理事務所に行きたいと理事たちにいきなり言うと、二人はびっくりしていた。そのまま選挙管理事務所に行って「立候補したいんですけど」と言うと、職員は戸惑いを隠せない様子だった。「日本国籍ですか。江戸川区住まいですか。現在の職業は？」と質問が続く。「日系銀行の幹部です」と答えると、課長が対応してくれることに。そこから選挙のやり方をとても丁寧に説明してくれた。

家に帰って母に「選挙に出ようと思う」と告げた。母は意外とクールで、「あなたがそう思うならそうして」と言う。母のサポートを支えに、進めることにした。第一段階として会社員の佐野さん、そして主婦で地元江戸川区をよく知る川崎さん、のちに私の秘書を務める佐々木さん、の3人の事務局を作った。これまで政治にはまったく関わりのなかった方々だ。でも、みなさんのベタな意見が市民の声だろうなと思った。そこから政治団体を立ち上げ、駅での挨拶運動を始めた。看板の作り方なども知らず、駅立ちの初日に地元の本西議員が教えてくれた。いい縁ができた。

公約をどうするか

立候補したときに、何を公約とするか悩んだ。そのために街を回り、さまざまな３００人の方々（日本人と外国人の大人と子ども）にヒアリングをして、共通の問題を中心に公約をまとめ

た。そしてその内容をスマートシティというフレームワークに落とし込み、わかりやすく伝わるようにしようと努めた。

2019年4月14日の告示日間近に駅立ちをしていたら、地元の国会議員がチラシを受け取ってくれてそのまま駅に入っていったが、数秒後に戻ってきた。驚いた様子で「えっ！出るの？」と聞く。「はい、そうです」と答えると、「カレー店の宣伝かと思ったよ」と笑って言う。「頑張ってね」と言って去っていった。初鹿明博衆議院議員だった。3日後にまた連絡をいただき、立憲民主党として後援したいとのことだった。無所属として立候補する予定だったが、書類を出し直して、立憲民主党の公認候補として2019年4月の地方統一選挙に立候補した。

実は、立候補するときに貯金がなくて、佐々木さんに30万円を借りて、供託金にした。

選挙活動は非常に辛かった。朝の5時から9時まで駅立ちして、その後夕方の8時まで街宣車で運動し、また終電まで駅立ちして挨拶をする。その後、選挙事務所に戻ってくると翌日に向けての打ち合わせ。1日～2日で喉がガラガラになってしまった。初日の演説は下手だったが、だんだんと調子が上がってきた。そして、投票日2日前の寒い夜の演説中に「議会を温めてまいります！」といった文言がツイッターで好評となり、選挙活動に火をつけた。

ちなみに、この選挙のとき私は楽天銀行の銀行員だった。企画本部の副本部長で、次期に本部長になる予定だった。企画部、法務部など5つの重要な部署を担っていた。会社では立候補のことを誰にも言っていなかった。言えなかった。

選挙中にいろんな方が手伝いに来てくれた。初鹿さんの秘書や応援者、パソコン教室のみなさん、そして大勢のインド人も。外国人の場合は政治家への寄付も、選挙活動中の無償労務提供も禁じられているため、ピンチだった。でも、選挙費用は公費で賄うことができたので、金銭的に逼迫せずに済んだ。選挙中はいろいろな議員さんと同じ駅に立って運動するが、場所がかぶったのは1回ぐらいだったし、トラブルもなかった。その点は日本の選挙のよさを感じた。

いよいよ、投票日だ。私はあまり緊張していなかった。朝は日本国籍を有する息子と投票場へ。二人で無言のまま投票してきた。投票場に有権者がいたが、誰も私の顔に反応してくれない。やばいなと思った。恐る恐る息子に「誰に入れたの?」と聞いた。息子は自信たっぷりに「当たり前、パパだよ。信じているよ」と言ってくれた。選挙結果が出るのは翌朝だった。

2019年4月22日、開票日の朝だ。9時から計票が始まり、30分ごとにインターネットで結果が更新される。9時を過ぎても私の選挙事務所には誰も集まっていない。当選するのには約4000票が必要だ。私はそんなに早い段階で当選しないだろうと思っていたし、そもそも当選するかも疑問だった。でも、結果が予想をはるかに上回った。10時の2回目の結果が発表されたとき、私はすでに5000票を突破していた。当選確実だった。そして、その後もグングンと票を伸ばし6477票を獲得し、5位で当選した。

昼前に選挙事務所は応援者と記者団でいっぱいだった。初鹿議員も会いに来てくれた。みんなが私の当選を自分の勝利のように喜んでくれた。その後、夜までインタビューを受け続けた。東京新聞の記者に「なんでそんなに騒ぐの」と聞いた。「わかっていないいんだな。日本でアジア出身初の当選です。よぎさんが歴史を作ったんですよ」と返してきた。「へえ、そうなんだ」とみんな驚いていた。

夜は、地元の葛西駅に行って「駅頭活動」をした。それからの日々は毎日のように新聞、テレビや雑誌のインタビューを受けた。アメリカから日本までの各地でニュースなり、インドはもちろん、アメリカ、ドイツ、ドバイなどの友人から「テレビで見たよ」との朗報がきた。ドバイ空港のテレビでニュースが流れていたようだ。中国にいる元妻からも「新聞で見たよ」との連絡があった。

当選して銀行を辞める

当選翌日、恐る恐る銀行に顔を出すと、真っ先に社長から「おめでとう」の声が。私から「ごめんなさい」と返事をして、控えめに自分の席に着いた。すると同僚や部下がみんな「おめでとうございます」と言う。恥ずかしくて穴があれば入りたかった。ただ、大きな問題があった。

選挙に当選すると1週間後に区議への就任だ。銀行員は副業を認められていないからどうしようと。社長との面会を申し込んだ。「1週間後に就任です」と伝えると、「よぎさんに期待していたから銀行に残ってほしいけど、外部役員の手続きをする時間もない」と社長が言う。結果的に社長に土下座をして、2日後の25日に好きだった銀行の仕事を辞めた。人生の大きな転換だった。

私の部署の人たちが花束を用意し、とても素敵な送別会をやってくれた。うれしかった。

私は、もう議員だ

5月1日、江戸川区議に就任した。当選証書と議員バッジをもらった。存在感のあるきれいなバッジだ。バッジを付けると「議員だ」という実感が。私は銀行でも常日頃バッジをしていた。誠実に仕事をしたいと志を高めておきたかった。思えば、ボーイスカウトや空軍準備隊のバッジもそうだった。

家に帰って母に、そして息子に議員バッジを見せた。区議会事務所へ行って手続きをしたり、ちょっとした研修を受けたり、選挙の片づけや会計事務を行った。パソコン教室のみなさんや、地域や業界の主要な方々に挨拶して回った。

それから、初めての選挙で経験したこと、学んだことをパワーポイント資料に書き始めた。いつもそう。何か学びがあると資料にしてしまう。人々と共有したいから。のちに、政治に興味を持った日本人や外国人が指導を受けに私のところに来たが、この資料を使って選挙のことを説明した。

また、アメリカ、ドイツやオーストラリアなどに住んでいるインド人移民からも「選挙のことを教えて」とのリクエストがあって、選挙の過程を教えた。若くて新鮮な政治家がどんどん生まれるといいなと思った。

政治家が生まれることについて、日本の政治には大きな課題がある。政治家は基本的に世襲か、政治家の秘書をやって政治家になる。私のようなアウトサイダーはとても少ない。そのせいか、完全に新しい考えや、業界などのバックグラウンドを持った政治家が少なくて、なんとなく法学部卒業者ばかりが集まってしまっている。しかし第三者として議会を見る観点も必要ではないか？　それから、政治家や政党は次の世代の育成を十分に行っていない。政党が開催するアカデミーなども選挙や議会の運営などというよりも、政党の思想を詰め込むことに重きを置いている。

マスコットを作ってはいけない

議員になってからは、「インドのことならよぎさんがすべて知り尽くしている」というふうに、メディアが私をマスコット化していく気がした。私みたいな人ならまだいい。ある程度の経験があるし、その経験を誠実に人に話すし、他人を助けたい気持ちがある。しかし外国人コミュニティでは、人を助けることには関心がないけれど日本語がある程度流暢な人がメディアに取り上げられマスコット化されて、有名になる場合もある。なかには、自分が有名になることを利用して金儲けする人だっている。

そういえば私の母親のことを「インド・コミュニティの母」と伝えたメディアがあったが（世に出た後で知った）、勝手にそう決められるのは困ってしまう。だって実際はそんなことないから。

お役所仕事から見えた議会や日本社会の癖

議会に入ると、さっそく見えてきたのは独特の慣習や慣例。どこにも書いていないルールを次々と言ってくる。銀行経験者の私には驚きだった。「それでいいの？」と思った。いつもではないけれど、場合によっては議論をした。私は納得しないものを受け入れないタイプだ。

2019年6月議会。先輩議員から順番を譲られ、一般質問に立った。それに先立ち、議場への入り方、演台への上がり方などの指導をしていただいた。日本人は議場に入場するとき、入口でお辞儀をする。議場に対し尊敬を表すのだ。そして、演台に上がる際も、首長、国旗、議長、同僚に対しお辞儀をしてから演説を始める。とてもいい習慣だと思った。

原稿を持っていたものの、自分の心の声をぶつけたいと思い、原稿を見ずに演説した。スマートシティーの考え方に沿って、統制、経済、生活、教育とインフラについてなんと型破りの26の質問をした。ほかの議員は私と違ってピンポイントで3〜4ぐらいの質問をしていた。ちょっと反省をしたものの、自分の思想を議会や区民に示すことができてよかった。

私が江戸川区議を務めた2年間、災害対策の強化、教育改革、多文化共生推進、感染症対策強化、マイノリティーの巻き込み、外国人代表者会の設置、公契約条例などさまざまなことを議会に提案してきた。しかし具体的な事業につながっていくことは非常に少なかった。実現できたのは、外国人向けの放課後の補助日本語教室、児童相談所との連携、ALSの患者向けの江戸川区初の全自動車椅子の支給、数カ所の道路修繕ぐらいだ。

それよりも私がずっと訴えてきたことがある。それは、課題の二次元および三次元データ分析だ。日本の役所はケースバイケースが好きだ。日本政府、法務省や外務省なども同じ。何千人、何万人が署名した陳情書よりも、誰か一人が「こうした問題があります」と訴えて、すぐに解決できることであれば具体的に動いてくれる傾向がある。一般に役に立つ「マス」(mass)的な問題は、話が大きすぎるということで手を出そうとしない。

「多文化共生」も、かけ声だけであることが多い。江戸川区でも、外国人コミュニティが何を必要としているか、当の外国人にヒアリングすらできていない。それがいけないと思う。同じ問題を抱えるほかの対象者もいるかもしれない。たとえば、教育の問題を考えてみよう。教育と言えば子どもの教育と考えがち。でも、大人の教育や再教育、出産・保育を終えた女性の再教育も大事なこと。

なので、まずは課題を考えるときは、全対象者または関係者を横軸に並べ、課題または課題が発生している工程を縦軸に書く。それから、エクセルのようなイメージで、縦と横が交差する各々の枡《ます》をそれぞれの実態で埋めていくと、課題について包括的・網羅的に考えることができる。その後、予算のタイミングや人材の有無などに合わせて、いつどの対象者に向けて対応を講じていくかロードマップ（工程表）を示すことができる。よかったのは、のちに二次元分析・三次元分析という単語を区長が自らの議会演説で使ってくれたことである。

もう一つの傾向は、当事者不在で、本当の当事者に意見を聞かないこと。日本企業で働いていたときにも同じ経験をした。ＩＴ部門が勝手にシステムを選びまたは構築し、現場の使用者はあまり使いたがらない。使い勝手が不便で、業務の流れに沿った必要な機能が揃っていないからだ。日本のトヨタやホンダがあれだけ成功したのは、使用者が何を求めているかを丹念にリサーチしてモノ作りしてきたからではないだろうか。

さらにもう一つの傾向とは、当事者を勝手に代弁している人たち（研究者や勝手団体の理事など）の意見を聞いて、いろいろなことを進めてしまうことだ。

提案の中身でなく、派閥の論理で粛々と進む区議会

区議会が本当に機能しているか疑問に思うときがあった。たとえば予算委員会や決算委員会の大切な場で、約20人の議員と約50人の役人が100時間ぐらいかけて審議しても、予算案の1行1桁も変わらず通過していく。全部通すか全部止めるか、のような概念があり、全部止めるわけにはいかないから、納得しない部分があっても全部通してしまう。本当にそれでいいのかと思った。先輩議員に「何のために審議しているのか?」と問うと、「次のための参考になる」と言う。じゃあ「今」はどうなるんだろう?

区議会は一丸となって区民が求めていることに取り組み、その事業化に集中すべきだが、必ずしもそうでない。政党と会派があるからだ。少数政党の議員がいい案を出しても、大政党の議員は、自分たちの政党からの案ではないという理由だけで応じないときがある。本来は市区町村議会に「与野党」は存在せず、一人ひとりの議員が独立して自分の意見を持ち、発言し、判断すべきだ。

江戸川区では、国に要望する機会があっても、全会一致で意見をまとめられず、ここ2~3年は1件も要望が出せていない。区民にとって真に役立つことを提案して実行すれば、もっと面白い仕事ができるのに、と思うときがあった。

コロナ中の外国人の悲鳴、脆弱な危機管理体制

コロナ禍の日本では入国制限がかけられた。日本で働き、日本に住んでいる人も含め、外国人がみんな入国禁止になった。その直前に海外にいる家族に会いに行った人、たまたま出張に出かけた人、永住権を持つ人までもが、日本に戻って来られなくなった。永住権を持つ人は、母国に自宅が残っていない場合が多い。また日本で一人暮らししていた人は、海外から帰ってこられなかった1年間、日本の家賃も光熱費も年金も保険も支払い続けないといけなかった。免除がなく入国禁止も解けず、困っていた人がたくさんいたのに、そのことで誰も立ち上がらなかったのは残念なことだと思う。

政府・行政の分析と「思いやり」が足りなかった。外国人に限らず、日本人についてもそうだった。政府・行政が社会全体のことを分析せずに、問題が起きると場当たり的に対処しただけ。飲食店が悲鳴をあげたから飲食店への給付金から始まり、その次は飲食店の業者が悲鳴を上げたから彼らに向けて支援を開始。その次は中小企業で、最後に大手企業にお金を垂れ流し、すでに不正に支援金を受け取った企業が出てきている。

外国人の場合も、いっせいに全員の入国を禁止した考えが理解できない。永住権、特別永住権を持っていて生活基盤は日本にしかない方々もいて、日本人となんら変わらない。日本で生まれ育ち、海外の大学に学びに行った外国人の子どもは、日本に住む親のもとに帰って来られなくなった。成田空港に着いてから入国が拒否され「父母の母国に住んでいる祖父母のところに行けば」

とまで言われた子どもがいた。国内では外国人がコロナで亡くなっても「ニュモニア＝肺炎」と診断されたケースも。外国人へのワクチン通知は1週間以上遅れたという話もあったし、日本の準備不足、力不足が見えた。

区議の非力を痛感し、首長の道を模索

私は江戸川区議を2年で辞め、２０２１年6月の東京都議選に出馬した。所属政党の立憲民主党から選挙間近に急に要請があったためだった。都議5席の1席を取り、江戸川区の地盤を固めたいという。約1カ月の活動で2万票以上を得たものの残念ながら落選。自分としては区議を2期務め終えてから国政に出たいと考えていたので、悔しい思いがある。

東京都内の区議会議長会を通じて国に要望を出す機会があった。私のほうから二つの大きな問題について提案した。一つは、国内にいる外国人を含む全国民がどこからでも使える多言語防災サイトの構築。もう一つは在日外国人の大人と子どもが一緒に受けられる日本語教室の設置だった。しかしどちらの案も受け入れられなかった。一区議としてできることには限界があるなと、区議を務めてみて痛感した。

それから議会というのは、区長・知事といった首長に集中するパワーが大きい。議会が政党や会派で分断されて一枚岩にならない今の状況であれば、区長や知事は思いきった改革を打ち出しやすい。将来は国政に出てネットワークを作り、首長に挑戦する選択肢も検討したいと思うようになった。一つのモデル市またはモデル県を作るのもいいのではないかと。

ただ、今の私に首長を務める能力があるとは思わない。19歳から世に出て25年間、社会人としての経験を積んできた。多国籍企業に勤め、日本の銀行で働くなど、さまざまな知識やノウハウも得た。しかし自分には、まだ人生の哲学、政治の哲学が備わっていないという自覚がある。

カール・マルクス時代の哲学は、問題が起きてからどう解決するかを語っているのにすぎない。そもそものあるべき姿を問う、もっと古い時代の哲学を学びたい。もっと大きな意味で、哲学込みで、50年、100年先の日本をどういうふうにして真に平和で豊かな国にしていくのかを考えたい。

日本には外国人が必要なのか

外国人労働者の是非について、意見が割れている。一方では、日本は人手不足なので外国人の労働力が必要だ、という声がある。しかし他方では、国内の失業者が増えているという現状も。なぜ逆説的なことが起きているのか？　実際のところ、日本は人手不足ではない。スキル不足が起きているのだ。即必要とされているスキルを持った日本人が足りないのである。それを埋めるために、構造的に何か施策をしているかというと、していない。

ハローワークに行くと簿記やファイナンシャルプランナーの勉強会をやっているが、これでは即戦力となる人材は生まれない。だからスキルを持った外国人を呼ぶべきだが、実際に来ているのは、技能実習生などスキルのない人たちが多い。

日本はいったいどういう外国人を求めているのか？　日本政府は、それを本気で企業からデータを集め、リサーチして把握すべきではないのか？ 求められている人材がわかったら、まずは国内にいる日本人または外国人の失業者から採用し育てられないものか？

でもリスキリング（次の時代の流れを見据えて新たに必要なスキルを身につけること）が進んでいなくて、新たに海外から外国人を受け入れないといけないというのが実態である。日本人のスキルはどんどん下がっているし、日本で書かれている論文の半分は外国人が書いている。つまりもはや、日本に外国人は不要だとは言っていられないのではないか？

移民や外国人労働者の話題が出ると、日本人の意見は主に二つに分かれる。外国人が来たほうがいいと言う人は、これまで外国人に好印象を持っている。来ないほうがいいと言う人は、好意的な印象がなく、自分の近くにいる外国人とうまくいかなかった経験を持っている人が多い。ルールを守らないとか、日本人の仕事を奪うとか……。

でも不要かどうかは別にして、すでにこれだけの外国人が日本に入ってきている。自分たちとは違うという理由で、対立したり喧嘩したりする余裕はもうないと思う。

移民社会の自助・共助・公助

すでに日本は移民社会になっているから、日本人と外国人が互いを理解する機会を作る必要がある。コミュニティのなかで、私のような人がさまざまな活動をいちいちボランティアでやるというのも非現実的だ。そんなことを進んでやる人はそう多くない。だから行政が役割を発揮するべきなのだ。そして移民側にもさらなる努力が必要だ。自助、共助、公助に分けて考えてみる。

自助　日本語を覚える。日本人の友達を作る。日本の職場や生活の習慣を覚えるなど。

共助　会社やコミュニティで交流会や研修プログラムをやって、外国人と日本人はどう気質が違うかなどを学ぶ。町会に外国人メンバーを入れる。互いの国の料理、民族衣装などの交流会を設ける。

公助　政府や駐日大使館は、国内に住んでいる移民の要望を聞く、時代に合った政策を作る、医療・教育・法律・防災などの問題を解決するなど。大事なのは、すべての「外国人」を一括りにしないこと。国や年齢、滞在期間や健康状態などによってもみんな違う考えや期待を持っている。

外国人の参政権

私が選挙に当選したときは、多くの方が選挙区に住んでいるインド人の票で当選したと勘違いしていた。でも、日本に住んでいる外国人には参政権がない。実は、各市区町村での外国人代表者会の設置を求めると、次は参政権を求めるんだろうと言われる。しかし外国人が何を欲しているかと言えば、参政権そのものより、自分たちの意見を表明する場だと思う。

たとえばイギリスでは、住民になった途端に参政権が生まれる。国によっては、地方議会では外国人参政権が認められているが、州議会や国政選挙では認められないというケースもある。

日本は独特な国で、政治に関する情報が日本語でしか出されない。日本人独特の表と裏の文化や話し方の作法もある。だから外国人に突然参政権を与えたところで、外国人の側も結局は自分たちの声を政治に届けるための票を活かすことができないだろう。まずはたとえば、将来のために政治の情報を英語などでも提供するとか、日本の政治システムについて外国人に教育をするとか、いちばんいいのは外国人の日本語教育を支援することだ。そういうことなしに参政権のことで争っても意味はない。でも永遠に放っておいてよいテーマでもない。

東京都議候補
民主党
よぎ
44歳
インド出身
よぎ
adidas

レカ
よぎ
よぎ

おわりに――学校長という新天地へ

旅の途中で

日本に導かれ、この国で暮らして23年。私はいつも忙しく働きながら子育てしてきました。ところが東京都議会選挙に落選し、突然無職に。自由な時間がぽっかりとできました。

当時、頭にはさまざまな思いがありました。出馬をバタバタと決めた経緯もあり、結果に向けた努力が足りなかったことや、政党支部が一枚岩になりきれなかったことが反省点です。落選しましたが、短期間の選挙活動で２万１０９票という多くの票をいただきました。ただし、もしまた次の選挙に出たら、私は何を公約にすればいいのか、それがわからなくなりました。

人は何を求めているのか？ どうすれば人が幸せになれるのか？ 私はこの問いについて考え込みました。そして以前から関心があった四国の八十八カ所を巡る旅に出たのです。ちょうどそのときにインドから連絡があり、「大学生議会」にゲストスピーカーとして来てほしいと依頼されました。私が「今旅に出ているんです」と言うと、相手は「だったらインドを旅すればいいのでは？」と。インドへ向かいました。

「大学生議会」はインド政府が主催する大きなイベントです。その名のとおり、インド全土から約1万5000人もの大学生が集まり、4日間にわたって模擬議会で議論をします。この年のテーマは「若者の政治参加」。私は若者の出馬を促し、マトリックス分析による課題解決論についてスピーチをし、好評でした。ほかにも最高裁判長や警察のトップや著名な弁護士などがスピーチを行いました。

大学生議会の後、私は45日間インドに滞在した。仏教やヒンドゥー教の寺院で修行し、尊敬する哲学者サドグル氏にもお会いできました。彼は私にこう言いました。

「日本で政治家という仕事を続けるのは難しいことです。日本には独特な文化があり、インド文化と近いようでわからない部分も多々あるでしょう」

私は今回のインド旅で、古典的な聖典にも触れたいと望んでいました。政治学や哲学がそこに詰まっているためです。もっとしっかり学ぶために旅を延長することも考えましたが、次第に日本が恋しくなっていきました。日本のわが家に帰りたくなったのです。

旅の途中で、日本にいる教育関係の知人から、茨城県で民間校長を募集しているという話を聞きました。当時は数社の企業から外部役員などのオファーもいただいていましたが、私のなかで、これからは社会に役立つ仕事がしたいという思いが強まっていました。校長職については、自分が務めるなんてとんでもないというのが正直な気持ちでした。ところが公募内容を見てみると、会社の経営経験がある、グローバル感覚がある、ＩＴの知識があるといった条件が。私にぴったり当てはまっていたのです。でも、まさか最終的に選ばれることになるとは本当に思いませんでした。

２０２１年12月、茨城県から正式なオファーをいただき、県知事と面談をして互いの思いを話しました。そして２０２２年4月から1年間副校長を、その後3年間校長をするという契約を結びました。契約の直前に、土浦第一高等学校の校長に就任すると知りました。そうなったとき、全国初の外国出身の公立学校長になると言われました。

教育現場で気づいたこと

副校長職に就いてからは日々校内を回り、生徒たちの様子を見ていました。まずは心から安心しました。息子が通っていた公立中学校と違い、生徒たちが勉強も部活も課外学習も一生懸命頑張っている姿を目にしたためです。

その一方、世界的なリーダーシップという意味で、日本がどんどん後退していることが気になっていました。日本の研究力や新商品開発力が停滞しているのです。国連のレポートによれば、日本の学生は数理能力は高いけれど自己肯定感が低いというデータがあります。このままではまずいと私は認識していました。加えて中国やインドの教育課程が近年変わり、教育に火をつけるような内容になっています。加速して進化し続ける世界のなかで、日本だけが変わらない……。

私は、他校でも再現できるようなロールモデルとしての学校を作りたいという思いを持つようになりました。自分が校長になった学校のことだけを考えるのではなく、広く誰でも恩恵を受けられるような教育を考えていきたいのです。

学校生活を送るなかで見えてきたのは、文科省による詰め込み式授業のカリキュラムの実態です。高校生たちは数多くの教科を必死に覚えないといけない上に、部活動や探究学習などの課外授業もこなします。授業の内容に私は介入できないので、自分も一緒に作り上げることのできる課外授業に関わり始めました。課外授業の目的は客観的な自己分析ができること、社会人になるための人格形成ができること、今の世の中を生きるための基礎知識を学ぶこと、そしてこれらを活かして探究学習をしてみること。これらが得られるようなプログラムを作りたいのです。

教育から「共育」へ

ただそこで3つの課題にぶつかりました。一つ目は、私が将来学校からいなくなったとしても、持続性があることです。そのためには私一人の意欲や能力や人脈を活かしていてはだめだ。教員だけではなく、企業やボランティアの方々や大学の教員など、みんなで一緒に取り組んでいく必要があります。その意味を込めて、私は課外学習を「共育」と名づけました。教育委員会や県の行政や他校と一つになってプログラムを立ち上げていきたいのです。土浦第一高校・附属中で試験的にやってみてうまくいけば、他校にも展開していくことを期待しています。

二つ目の課題は、校務を管理するためのＩＴシステムがないことです。子どもたちの教育状況や性格分析などのデータを集め、進路を考えるための材料を作るＩＴシステムのことです。驚いたのは、学校現場はいまだに紙の書類で動いていること。これでは効率が悪い。電子化への挑戦を始めています。２０２２年中にＩＴシステム制作の青写真を考案し、茨城県に提示しました。

３つ目の課題は働き方改革です。教員がオーバーワークなので、自身に負荷がかかるだけではなく、試験が多くて生徒にも負荷をかけています。生徒の脳または能力はゴムバンドのようなもの。引っ張らないと伸びないけれど引っ張ったままにすると劣化します。ヨーロッパの教育のように、引っ張る時期と緩める時期が必要。教員が１４０パーセントの馬力を出しているところを、80パーセントの馬力で現状の成果を出すために何をすべきか考えたい。残り20パーセントの力を、立ち止まって反省したり、自身の育成に使ったり、次のステージについて考えたりする時間に使えたらいいのではないでしょうか。

教育を考えるときに大事なのは、そもそも日本はどういう国民を育てたいのかをしっかり考えていくことだと思います。インドやヨーロッパと比べると、日本の高校教育は教科が多すぎます。学校教育のボリュームを軽くして、考える時間を増やすほうがいいのではないでしょうか。教育分野での私の挑戦はまだ始まったばかりですが、現場の状況を少しずつ学びながら、私にできる貢献を探していきたいと思っています。

最後に私のモットーをみなさんとシェアします。「ボディ（体）、マインド（知）、ソウル（日本式に言えば道徳、インド式に言えば魂の声）」。この3つのバランスを保ちながら、正しいことをするように努めています。そのためには自分の内側が正しくないといけません。そのバランスを意識して保つことができたときに、人間が初めてでき上がるのだと私は考えています。始まったばかりの新たなチャレンジにおいて、精いっぱい自分らしく頑張りたいと思います。

謝辞

本書の執筆に先立って、私をここまで育ててくれた方々に感謝したい。出会ったみなさまについてここで記すことは不可能なので、ここに記載のない方々に謝っておきたい。

家族　いつも夢を与えてくれて背中を押してくれた父プラニク・シャラド。灯台のような母プラニク・レカ。一緒に仲良く育った姉ポトニス・ニリマとシュバンギ、弟プラニク・ラフル。人生唯一の一目惚れと息子の子育てを任せてくれた元妻てっちゃん。親切な大人に育ち私を父に育ててくれた息子プラニク陳明。素敵な夫婦のイメージを作ってくれた母方の爺ちゃんと祖母ちゃん。また小さいころいつも登山などに連れて行ってくれた従兄弟たち。

教育者　幼稚園、小学校、中学校、高校、大学の日本語学課のすべての先生。幼稚園の先生の名前も顔も覚えていないが、小学校以降の先生は記憶に残る。できれば今も母校のために役立ちたい。先生方のなかでも記憶に残るのはサルウェ先生、クラスメートの前で頬を叩かれた高校の物理学のラヴィシャンカル先生。日本語の師匠パンディット・アジャイ先生、ファタック・マンゲシュ先生、キンカル先生とクルカルニ・スニル先生、翻訳のコツを教えてくれたダムレ・ハリ先生。そして、日本語文法の楽しさを教えてくれた金田一秀穂先生。

指導者　頼りすぎて、これ以上頼ってはいけないようになったアンバデご夫妻とジャワデカルご夫妻。日本への留学に際して重要なアドバイスをくれたテンドゥルカルみちこ先生、バット・

アジート氏。私に人前で話すことを教えてくれて、私を信じてくれたリンガヤト・スレシュ氏。選挙とその後にも支えてくれた元衆議院議員初鹿明博氏、衆議院議員手塚仁雄氏と大勢の支援者。

上司　脳を信用してはいけない、やりたいことをすべて紙に書けと教えてくれた伊藤隆敏氏。マニュアルを必要としないモノ作りを促してくれた水田充氏。

コミュニティの方々　住んでいた団地で日本人の輪に入れて温かく見守ってくれた竹田与太郎氏と三井みつえ氏。団地の管理事務所で働いていた白井まみ氏。在留インド人コミュニティを自らのボランティア活動で支え、私のコミュニティ精神を強くしてくれたＡＰＳマニ大先輩。

友人　一人ひとりの名前は書けませんが、小中学生時代のクラスメート全員。プネ大学や日本語学課でともにいてくれたカルカレ・マンゲシュ、ダンダル・ヨゲシュとクルカルニ・プラヴィン。選挙を手伝ってくれた佐野良成さんと鈴木真理さん、沖山和美さん、高光早美さんとナレンさん。本書の執筆を推してくれたワドワ・メーガ氏。

そして、知り合いになったときから何でも応援してくれた、区議選への出馬をいちばん推してくれた佐々木麻乃亜氏と子どもたち３人。

著者

よぎ

プラニク・ヨゲンドラ　Yogendra Puranik

1977年、インド・マハーラーシュトラ州出身。同国・プネ大学卒業（数学・経済専攻）、同大学院修士（国際経済・労働経済）。同時に日本語と情報技術（IT）を学ぶ。1997年に国費留学生として初来日。2001年にIT技術者として来日。2012年、日本国籍を取得。みずほ銀行国際事務部付き調査役、楽天銀行企画本部本部長などを経て、2019～21年、東京・江戸川区議。2022年4月から茨城県立土浦第一高等学校・附属中学校副校長、23年4月、同校長に就任。全日本インド人協会会長も務め、都内にて飲食店および文化センターを自営。省庁、役所、企業、国際団体、大学などで講演・講義を実施。

日本に導かれた運命
隣に住む、隣で働く外国人との真の多文化共生をめざして

二〇二四年一月一五日 印刷
二〇二四年二月五日 発行

著者 © よぎ（プラニク・ヨゲンドラ）
編集協力 大西夏奈子
装幀 谷中英之
組版 閏月社
発行者 岩堀雅己
印刷所 株式会社精興社
発行所 株式会社白水社

東京都千代田区神田小川町三の二四
電話 営業部〇三（三二九一）七八一一
編集部〇三（三二九一）七八二一
振替 〇〇一九〇-五-三三二二八
郵便番号 一〇一-〇〇五二
www.hakusuisha.co.jp
乱丁・落丁本は、送料小社負担にてお取り替えいたします。

加瀬製本

ISBN978-4-560-09353-5
Printed in Japan

日本でわたしも考えた

インド人ジャーナリストが体感した禅とトイレと温泉と

パーラヴィ・アイヤール 著　笠井亮平 訳

四年に及ぶ東京暮らしのなかで、インド人作家が驚愕と新発見の日常に溶け込んでいく自身の姿を描いたユーモアあふれる日本滞在記。

国境を越えるためのブックガイド50

小川忠 編

グローバル化の今だからこそ問う。私たちは本当に〈越境〉しているのか、と。パンデミックと戦争のさなかに見出した書評という方法。

国際文化交流を実践する

国際交流基金 編

コロナ禍や一国主義の台頭で揺らぐ国際協調をいかに守るか？　心と心の触れ合いに懸けたＪＦ職員たちの渾身のルポルタージュ！